U0024867

布爾什維克無法在地球上創造天堂，但他們設法快速創造地獄。

赤色恐怖
列寧的共產主義實驗

杜斌

「我們的共產主義，……：要把亞當以來的舊人類改造為新人類，……在我們的馬克思列寧主義實驗室裡，製造出了另一類人種：蘇維埃人。」

——斯維拉娜·亞歷塞維奇

「全世界無產者，聯合起來！」：水粉畫。列寧格勒，二十世紀二十年代中期。（藝術家 /N.Sh）

目錄

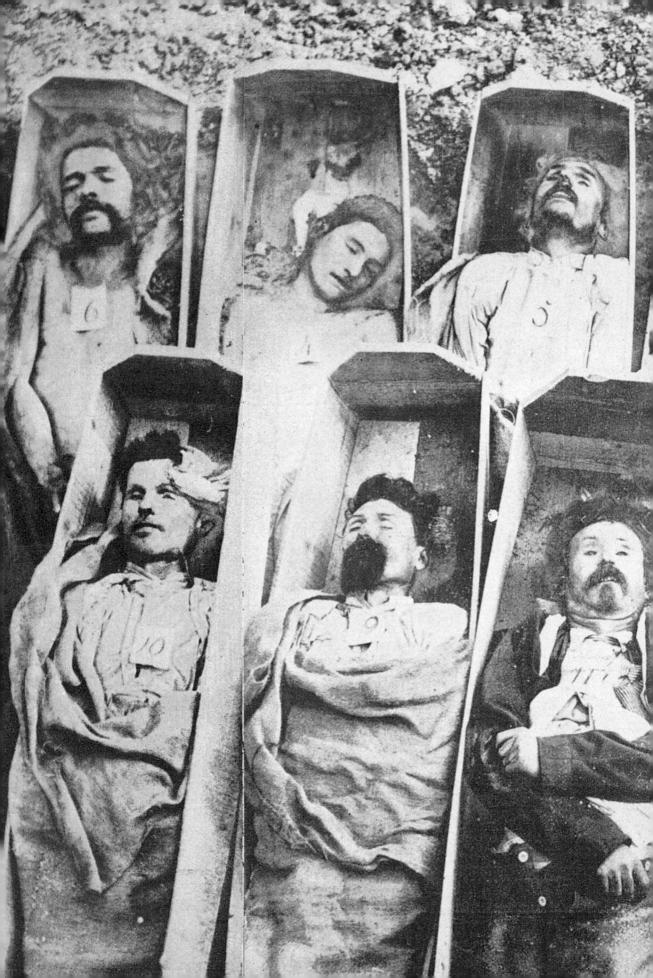

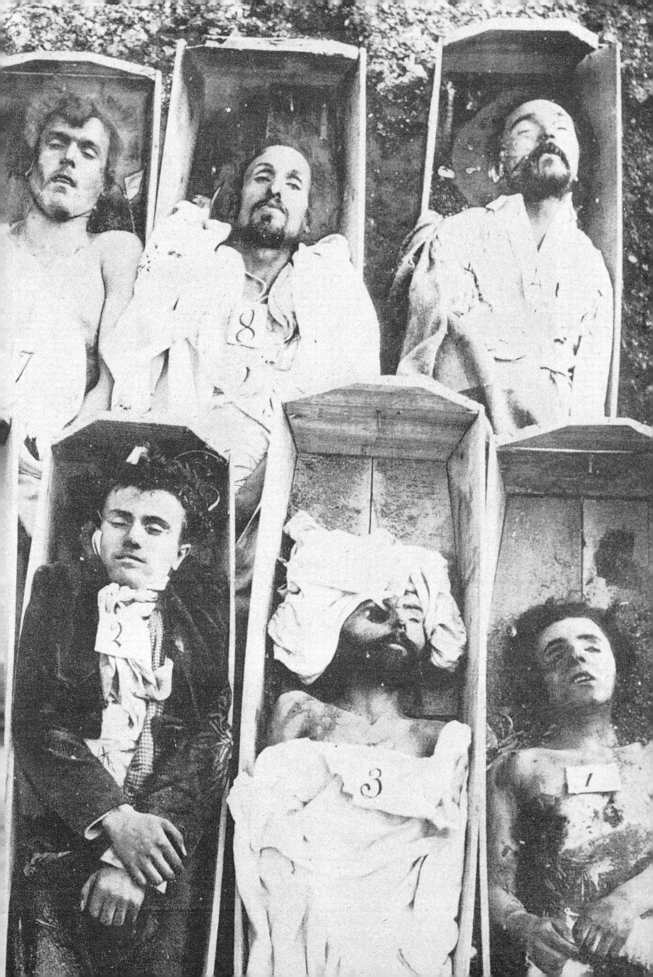

战无不胜的马克思列宁

主义、毛泽东思想万岁！

此項難民即一家人食人之象

（6/7 頁）**巴黎公社的遺產**：十二名巴黎公社社員遺體等待下葬。巴黎公社是一個由痛恨法國在普法戰爭中慘敗和食物短缺的底層工人和普通民眾自發成立的革命組織，在 1871 年 3 月 18 日至 5 月 28 日的兩個月中，曾經短暫地統治巴黎的政府。到後來它宣佈要接管法國全境，要求建立一個「社會主義民主共和國」。由於公社衛隊殺死了兩名法國將軍，還有公社拒絕接受法國當局的管理，終於導致了被稱為「血腥一週」的嚴厲鎮壓，至少七萬人被監禁或者流放，大約有一萬至五萬人被政府軍處決。

後世對巴黎公社的評價褒貶不一：傾向於資本主義或中立者認為它是無政府主義；而傾向於社會主義或自由主義者則認為它是社會主義的早期實驗；卡爾 • 馬克思、弗里德里希 • 恩格斯、弗拉基米爾 • 伊里奇 • 烏里揚諾夫（列寧）與毛澤東都試圖從巴黎公社有限的經驗中吸取關於暴力革命、無產階級專政和政權消逝等理論上的教訓。而當代的美國歷史學家約翰 • 梅里曼則認為，政府軍的大屠殺是國家恐怖主義的開端。他在著作《大屠殺》中寫道：「巴黎公社的誕生與毀滅是 19 世紀最慘痛、最具決定性的事件之一，時至今日仍影響深遠。…… 法軍對他們自己的同胞進行的這場大屠殺，令接下來的一個世紀都籠罩在不散的陰魂之中。你可能被殺，因為你是某人，因為你想得到自由 —— 這可能就是 1871 年 5 月 21 日至 28 日那個血腥之週、歐洲十九世紀最大的一場屠殺的終極意味。」

（8/9 頁）**共產主義的神靈**：世界共產主義運動的五大神靈：馬克思、恩格斯、列寧、史達林和毛澤東。儘管他們沒有血緣關係，但互相之間卻像是父與子關係：馬克思和恩格斯批判性地繼承了烏托邦社會主義中的有利因素，成為科學社會主義學說的激進學者。

列寧僅僅繼承了馬克思和恩格斯學説中有關暴力革命的理論，締造了實現社會主義的階級力量 —— 無產階級和為此進行奮鬥的階級組織形式 —— 布爾什維克，使社會主義從「空想」轉變為「現實」。與此同時，列寧不僅建立了世界上第一個社會主義國家並由共產黨獨裁專制，還是國家恐怖主義的奠基者和實踐者。

史達林選擇性地繼承了馬克思和恩格斯的科學理論和列寧的恐怖實踐，還發明出以大規模地秘密謀殺本國民眾的方式來進一步完善了國家恐怖主義。

毛澤東不僅繼承了馬克思和恩格斯的科學理論，以及列寧和史達林的無產階級專政與暴力革命的要旨，還創造性地以公開謀殺本國民眾和運動群眾鬥群眾的方式進化了列寧和史達林的國家恐怖主義。

世界共產主義運動令整個二十世紀成為赤色恐怖世紀。據史學家稱，至少有一億五千萬人葬身在深不可測的血海裡，給人類寄居的這顆行星留下了浩瀚無垠的恐怖、殺戮以及永久的悲痛。

（10/11 頁）**「解放者沙皇」死亡**：1881 年 3 月 1 日，俄國沙皇亞歷山大二世準備簽署法令、啟動俄羅斯君主立憲的政改進程的這一天，他被恐怖分子 —— 民意黨人的炸彈殺死了。殺手投擲的兩枚炸彈令亞歷山大二世的雙腿被炸飛、面孔破碎、胸腹從腹股溝撕裂至喉頭，當天即失血過多而死。

這幅畫描述的是沙皇躺在冬宮的床上，亞歷山大三世的妻子瑪麗亞 • 費多羅夫娜拿著剛剛使用的溜冰鞋。床邊下跪的是法醫和牧師。在法醫背後是穿著水手服的尼古拉斯，12 歲，未來沙皇。在左邊，被沙皇的鮮血染上衣服的是多爾戈魯斯卡婭公主，長時間的情婦，最近才是他的妻子。

亞歷山大二世是俄羅斯帝國現代化的先驅，在任期內廢除農奴制，把俄羅斯君主制改造為君主立憲制，對俄國政治和社會進步做出了巨大的歷史性貢獻，被稱為「解放者沙皇」。但是，對於立場激進的民意黨人來説，沙皇做得還遠遠不夠。他們認為：只有採取殘忍無情的恐怖手段殺死沙皇，才能喚醒民眾起來推翻沙皇統治，讓俄國從此走上民主文明的憲政之路。

當恐怖分子達到了直接目的時，民眾依舊無動於衷，並沒有點燃革命。而此後的沙皇都未能實行有效的改革措施，導致俄羅斯帝國在三十七年後滅亡。（藝術家 /Rudolph F. Zallinger）

（12/13 頁）**末代沙皇加冕典禮**：1896 年 5 月 26 日，在莫斯科聖母升天大教堂，沙皇尼古拉二世的加冕典禮持續了三小時。在這裡，尼古拉撤開世俗權力的象徵物 —— 寶珠和權杖。在瑰麗的華蓋下，皇后亞歷山德拉 • 費奧多羅芙娜注視著。在這個莊嚴的時刻，尼古拉的媽媽瑪麗亞 • 費奧多羅芙娜皇太后站在左邊的華蓋下。王室成員身穿盛裝站在禦御臺上觀禮。在臺階下，是來自莫斯科和基輔的大都會人士。

此時，躊躇滿志的尼古拉無論如何也不能相信，由先祖彼得大帝在 1721 年建立的羅曼諾夫王朝傳位到他手裡時，剩餘的日子已經屈指可數了。沙皇俄國國土面積達二千二百八十萬平方公里，佔地球表面面積的六分之一，當時俄羅斯帝國的領土面積僅次於大清帝國及大英帝國。它將在 1917 年被迫結束王朝的專制統治，在 1922 年變成蘇維埃社會主義共和國聯盟，走向了另一個赤色專制統治。

（14/15 頁）**負有特殊使命的列寧**：1897 年 2 月，俄國首都聖彼得堡（即後來的彼得格勒），列寧（中）與「工人階級解放鬥爭協會」部分成員在召開會議後的留影。這是 1895 年聖彼得堡約二十個馬克思主義小組聯合成立的一個統一的政治組織，是俄國無產階級政黨的最初萌芽，職責是領導工人把經濟鬥爭同反抗沙皇專制制度的政治鬥爭結合起來。

這張照片拍攝後不久，由列寧和尤里・馬托夫創立的整個集團被奧克拉納（即沙皇俄國秘密警察）逮捕，並被判處三年流放西伯利亞。當馬托夫於 1923 年因結核病死亡時，正在柏林流亡中，他被布爾什維克公開哀悼為他們的「最真誠和無私的對手」。從左到右，站立者：亞歷山大・馬爾琴科、彼得・扎波羅熱奇、阿納托利・凡亞耶夫。坐者：V. V. 斯塔爾科夫、格里布・克日扎諾夫斯基、列寧、尤里・馬托夫。

列寧是忠誠的馬克思和恩格斯的學徒。但他只會選擇性地汲取自己想要的東西。列寧在同革命者談話中，總要談及「血腥的馬克思主義」，就如他對俄國政論家瓦連京諾夫所言那樣。俄羅斯劇作家愛德華・拉津斯基在著作《史達林》中寫道：「列寧對瓦連京諾夫說過：『當一個馬克思主義者並不等於是會背馬克思主義的公式……鸚鵡也會背……要當一個馬克思主義者，應當有相應的心理素質，就是雅各賓主義。』瓦連京諾夫寫道：『所謂雅各賓主義，就是不惜採取任何果斷行動為達到目標而奮鬥，不是戴著白手套從事鬥爭，而是不怕上斷頭臺……恰恰是對雅各賓主義的態度，把世界社會主義運動分成革命和改良兩個陣營……列寧激動得雙頰發紅，眼睛眯成了兩個小黑點。』」

（16/17 頁）**苦難的俄羅斯**：大約 1900 年，伏爾加河拖拉駁船的縴夫。縱觀俄羅斯千年歷史，俄羅斯人民的苦難就像照片上負重前行的縴夫們一樣。蘇聯政治家亞歷山大・雅科夫列夫在著作《一杯苦酒》中寫道：「俄國專制制度引起歐洲方面尖銳的道義上的非難，正是由於它的專橫跋扈。但是專制制度本身完全不僅僅是沙皇、宮廷或統治階級某些秉性的結果。極權主義是社會賴以生存的嚴酷條件 —— 貧困、知識匱乏、人口稀少以及頻繁的外來威脅、衝突、戰爭等的必然結果。產生俄國極權主義的附加因素還有：國家廣袤千里，只有中央集權才能加以控制；因為交換關係的水準明顯低下，無法在如此地廣人稀的地方實現經濟一體化。另外一個同樣重要的因素是絕大部分居民是文盲，他們分散在遼闊的地域之上，除了極權等級制度之外，要實行別的組織形式是極其困難的。」

（18/19 頁）**「血腥星期日」**：俄曆 1905 年 1 月 9 日（西曆 1 月 22 日），在喬治・加邦神父的領導下，三萬多名俄國工人列隊聚集在聖彼得堡冬宮廣場上，向沙皇尼古拉二世呈遞一份有關改革社會與政治制度的請願書。他們首先要求選舉民意代表，其次要求農業改革、減輕農民沉重的負擔，以及實行宗教自由等。沙皇政府以「拒絕服從警察的命令直接與軍隊發生衝突」為由開槍射擊回應，列寧稱，根據各家報紙統計「死傷人數為四千六百人」。這一天被歷史稱為「血腥星期日」。

（20/21 頁）**沙皇政權的喪鐘**：1915 年，在轟炸中死亡的俄國士兵。這是在第一次世界大戰中俄國士兵死亡的無數場景之一。俄國在 1914 年 8 月參戰。從 1914 年至 1917 年之間，俄國約有一千五百萬人被徵召入伍。到 1915 年夏季，俄國的傷亡總數幾乎達到了四百萬。俄國的大片土地被德國佔領了。從戰區流亡過來的數百萬難民，讓恐慌和道德頹廢在民間蔓延。戰爭疲倦、經濟危機和政治問題已讓沙皇俄國走上了瀕臨崩潰的邊緣。戰爭似乎是推動俄國歷史向前移動的不可或缺的一部分。這場戰爭給沙皇制度敲響了喪鐘。職業革命家列寧從戰爭中看到了奪取政權的機會。他說：「戰爭是獻給革命的最好禮物。」

（22/23 頁）**列寧的食人族**：1921 年至 1922 年間，蘇維埃俄羅斯伏爾加河地區，由於乾旱、內戰和列寧的軍事共產主義的掠奪，製造了布爾什維克掌權後的第一場餓死數百萬人的大饑荒。這是一位未知姓名的攝影師拍攝的一家人食人的罕見影像。

（24/25 頁）**絢爛奪目的詛咒**：蘇聯藝術家丹齊克・巴爾丹夫於 1989 年在第九號懲治集中營監獄所繪的反社會主義紋身。這是諷刺意識形態學家馬克思以及共產黨領袖列寧和史達林的漫畫。紋身持有者是一名不服從監獄條例的持續違規者。漫畫上部和下部文字為：「愚人之地的可怕的屍。」陰莖上的文字為：「一切為了人民！」這本書是馬克思的《資本論》。

俄國歷史大事年表

1547 年 1 月 19 日　伊凡四世正式加冕為俄國第一個沙皇。俄國沙皇的歷史從此開始。

1601 年至 1603 年　俄國發生大災荒，有近三分之一的人餓死。

1606 年至 1607 年　伊凡‧鮑洛特尼科夫領導的農民起義。這是俄國歷史上的第一次農民起義。

1703 年　開始興建聖彼得堡。

1713 年　彼得一世將首都從莫斯科遷到聖彼得堡。

1721 年　俄國從此開始稱為俄羅斯帝國。

1773 年至 1775 年　普加喬夫領導的農民起義。

1825 年 12 月 14 日　十二月黨人起義。

1861 年 2 月 19 日　亞歷山大二世頒布了《關於農民脫離農奴依附地位的總法令》。

1883 年　普列漢諾夫在日內瓦建立第一個俄國馬克思主義團體：「勞動解放社」。

1895 年　列寧在聖彼得堡組織「工人階級解放鬥爭協會」。

1903 年　俄國社會民主工黨第二次代表大會召開。把實現無產階級專政寫入黨的綱領，出現了布爾什維主義，它的出現標誌著列寧主義的誕生。

1905 年 1 月 9 日　「血腥星期日」。第一次俄國革命開始。日俄戰爭。

1914 年　俄國參加第一世界大戰。聖彼得堡改稱彼得格勒。

1917 年

2 月 23 日至 3 月 2 日　「二月革命」爆發，沙皇尼古拉二世遜位，羅曼諾夫王朝終結。

4 月 3 日　列寧回到俄國。彼得格勒的工人、士兵在芬蘭火車站熱烈歡迎列寧。

4 月 4 日　列寧向全俄工兵代表蘇維埃會議的參加者作《四月提綱》的報告。

4 月 24 日至 29 日　俄國社會民主工黨（布）第七次全國代表會議。

5 月 4 日至 28 日　全俄農民第一次代表大會在彼得格勒舉行。

5 月 5 日　以格奧爾基‧李沃夫大公爵為首的第一屆聯合臨時政府成立。

6 月 3 日至 24 日　全俄工兵代表蘇維埃第一次代表大會。

6 月 18 日　西南戰線俄國軍隊開始進攻。彼得格勒（四十餘萬人）、莫斯科和其他城市爆發群眾反戰示威。

7 月 3 日　彼得格勒的工人、士兵和水兵在「一切權力歸蘇維埃」的口號下舉行示威。

7 月 4 日　彼得格勒的工人、士兵和水兵的示威遭到槍擊。

7 月 5 日　俄國社會民主工黨（布）中央委員會和彼得格勒委員會呼籲停止七月示威。臨時政府公開鎮壓布爾什維克。《真理報》編輯部被搗毀。根據中央委員會的建議，列寧轉入地下。

7 月 24 日　以亞歷山大‧克倫斯基為首的第二屆聯合臨時政府成立。

7 月 26 日至 8 月 3 日　俄國社會民主工黨（布）第六次大會。

8 月 25 日至 30 日　科爾尼洛夫將軍叛亂。

8 月 31 日　俄國社會民主工黨（布）中央委員會擴大會議。

9 月 1 日　臨時政府決定組成以亞歷山大‧克倫斯基為首的五人執行內閣。

9 月 10 日至 14 日　列寧寫信給黨中央委員會、彼得格勒委員會和莫斯科委員會，題為《布爾什維克必須奪權》、《馬克思主義和起義》。

9 月 14 日至 22 日　「民主會議」在彼得格勒舉行。

9 月 25 日　以亞歷山大‧克倫斯基為首的第三屆聯合臨時政府成立。

10 月 7 日　列寧從維堡秘密回到彼得格勒。

10 月 10 日　俄國社會民主工黨（布）中央委員會通過列寧的關於準備武裝起義的決議。

10 月 12 日　彼得格勒革命軍事委員會：武裝起義司令部成立。

10 月 16 日　俄國社會民主工黨（布）中央委員會擴大會議通過列寧關於準備武裝起義的決議。

10 月 24 日至 25 日　彼得格勒的工人、士兵和水兵武裝政變。蘇維埃政權在彼得格勒建立。

10 月 25 日至 10 月 27 日　全俄蘇維埃第二次代表大會。通過列寧的土地法令和和平法令。第一屆蘇維埃政府——列寧擔任主席的人民委員會成立，選出全俄中央執行委員會。

10 月 25 日至 11 月 2 日　莫斯科工人和革命士兵進行武裝鬥爭，蘇維埃政府在莫斯科獲勝。

11 月 8 日　蘇維埃政府照會協約國政府，建議立即停戰並開始和平談判。

11 月 10 日至 25 日　全俄農民代表蘇維埃非常代表大會在彼得格勒舉行。

11 月 14 日　全俄中央執行委員會通過《工人監督條例》。

12 月 2 日　對德停戰協定在布列斯特——里托夫斯克簽訂。

12 月 7 日　人民委員會通過關於成立全俄肅清反革命和怠工非常委員會的決議。

12 月 11 日至 12 日　全烏克蘭蘇維埃第一次代表大會在哈爾科夫召開。烏克蘭蘇維埃共和國宣告成立。

12 月 14 日　全俄中央執行委員會頒佈關於銀行國有化的法令。

12 月 16 日至 17 日　拉脫維亞工人、士兵、無地農民代表蘇維埃代表大會在沃利馬爾舉行。選出拉脫維亞蘇維埃政府。

12 月 18 日　人民委員會頒布關於承認芬蘭國家獨立的法令。

12 月 29 日　人民委員會頒布《關於土屬亞美尼亞》的法令。

1918 年

1 月 3 日　人民委員會通過《被剝削勞動人民權利宣言》

1 月 5 日　立憲會議在彼得格勒召開。布爾什維克在選舉中失利。

1 月 6 日　全俄中央執行委員會以武力解散立憲會議。

1 月 10 日至 18 日　全俄工兵農代表蘇維埃第三次代表大會。大會通過《被剝削勞動人民權利宣言》。宣布俄國為俄羅斯蘇維埃聯邦共和國。

1 月 15 日　人民委員會頒布關於建立工農紅軍的法令。

1 月 20 日　人民委員會頒布《關於教會與國家，學校與教會分離》的法令。

2 月 18 日　奧德軍隊開始進攻俄國。

2 月 22 日　人民委員會頒布《社會主義祖國在危急中！》的呼籲書。

3 月 3 日　簽訂布列斯特和約，俄國退出第一次世界大戰。

3 月 6 日　協約國軍隊在摩爾曼斯克登陸。

3 月 6 日至 8 日　俄共（布）第七次代表大會。俄國社會民主工黨（布）改名為俄國共產黨（布）。

3 月 10 日至 11 日　蘇維埃政府遷至莫斯科。莫斯科成為俄羅斯蘇維埃共和國的首都。

3 月 14 日至 16 日　全俄蘇維埃第四次非常代表大會。大會批准布列斯特和約。

3 月 25 日　白俄羅斯宣布獨立。

4 月 30 日　土耳其斯坦蘇維埃社會主義自治共和國成立。

5 月 25 日　捷克斯洛伐克軍團發動反蘇維埃叛亂。

5 月 29 日　全俄中央執行委員會頒布關於普遍動員參加紅軍的法令。

6 月 11 日　全俄中央執行委員會頒布《關於建立鄉、村貧農委員會》的法令。

6 月 28 日　人民委員會頒布關於大工業和鐵路運輸企業國有化的法令。

7 月 4 日至 10 日　全俄蘇維埃第五次代表大會。通過第一部蘇維埃憲法。

7 月 6 日至 7 日　右翼社會革命黨人在莫斯科的反革命叛亂被肅清。

7 月 17 日　布爾什維克處決俄國沙皇尼古拉二世及其家族。

8 月 2 日　協約國軍隊在阿爾漢格爾斯克登陸。

8 月 9 日　蘇維埃設立勞動集中營關押異己人士，這是蘇聯古拉格的前身。

8 月 15 日至 16 日　美國陸戰隊在符拉迪沃斯托克（海參崴）登陸。

8 月 30 日　列寧遇刺。

9 月 5 日　人民委員會發出「赤色恐怖令」。

10 月 31 日　人民委員會頒布關於勞動人民社會保障的法令。

11 月 6 日至 9 日　全俄蘇維埃第六次非常代表大會。

11 月 13 日　全俄中央執行委員會通過廢除布列斯特和約的決議。

11 月 29 日　烏克蘭臨時工農政府發表關於推翻黑特曼統治和在烏克蘭恢復蘇維埃政權的宣言。

11 月 29 日　愛沙尼亞勞動公社（愛沙尼亞蘇維埃社會主義共和國）在瓦爾納成立。

11 月 30 日　全俄中央執行委員會通過關於成立以列寧為首的工農國防委員會的決議。

11 月至 12 月　奧德侵略者被逐出蘇維埃國土。

12 月 10 日　全俄中央執行委員會批准的第一部勞動法典公佈。

12 月 16 日　立陶宛蘇維埃社會主義共和國成立。

12 月 17 日　拉脫維亞蘇維埃社會主義共和國成立。

1919 年

1 月 1 日　白俄羅斯蘇維埃社會主義共和國成立。

1 月 11 日　人民委員會頒布餘糧收集制的法令。

3 月 2 日至 6 日　共產國際第一次代表大會。

3 月 18 日至 23 日　俄共（布）第八次代表大會，通過新黨綱。

3 月 23 日　巴什基爾蘇維埃社會主義自治共和國成立。

4 月 12 日　莫斯科編組車站機車庫舉行第一次共產主義星期六義務勞動。

7 月 9 日　俄共（布）中央發表號召書《大家都去同鄧尼金作鬥爭！》。

10 月 11 日　紅軍對鄧尼金白軍的反攻開始。

10 月至 11 月　在彼得格勒附近粉碎尤登尼奇白軍，解放沃羅涅日和庫爾斯克。

11 月 14 日　從高爾察克白軍手中解放鄂木斯克。

12 月 5 日至 9 日　全俄蘇維埃第七次代表大會。

12 月 12 日至 16 日　哈爾科夫和基輔解放。

12 月 26 日　人民委員會頒布關於掃除文盲的法令。

1920 年

1 月 8 日　從白軍手中解放頓河羅斯托夫。

1 月 29 日　人民委員會頒布關於普遍義務勞動制的法令。

2 月 2 日　蘇維埃俄國同愛沙尼亞簽訂和平條約。

4 月 6 日　遠東共和國成立。

4 月 25 日　波俄戰爭：波蘭和烏克蘭軍隊進攻俄羅斯，佔領烏克蘭。

4 月 26 日　蘇維埃政權在花剌子模宣告成立。

4 月 28 日　蘇維埃政權在阿塞拜疆宣告成立。工農國防委員會改組為勞動國防委員會。

5 月 7 日　波俄戰爭：波蘭軍隊佔領基輔。

5 月 27 日　韃靼蘇維埃社會主義自治共和國成立。

6 月 8 日　卡累利阿勞動公社成立。

6 月 12 日　波俄戰爭：紅軍重新佔領基輔。

7 月 2 日　波俄戰爭：紅軍進入波蘭。

7 月 19 日　全俄掃除文盲非常委員會成立。

7 月 22 日　波俄戰爭：波蘭向俄羅斯求和。

8 月 11 日　蘇維埃俄國同拉脫維亞簽訂和平條約。

8 月 26 日　哈薩克蘇維埃社會主義自治共和國成立。

10 月 8 日　布哈拉蘇維埃人民共和國宣告成立。

10 月 12 日　波俄戰爭：蘇維埃俄國與波蘭停火。

11 月 17 日　從白軍手中解放克里木。

12 月 29 日　亞美尼亞蘇維埃社會主義共和國成立。

12 月 22 日至 29 日　全俄蘇維埃第八次代表大會。大會通過俄羅斯國家電氣化委員會計畫。

1921 年

1 月 20 日　達吉斯坦蘇維埃社會主義自治共和國和哥里蘇維埃社會主義自治共和國成立。

2 月 25 日　格魯吉亞社會主義共和國成立。

2 月 28 日至 3 月 18 日　喀琅施塔得水兵起義被鎮壓。

3 月 4 日　阿布哈茲蘇維埃社會主義自治共和國成立。

3 月 8 日至 26 日　俄共（布）第十次代表大會。大會通過向新經濟政策過渡的決定。

3 月 18 日　蘇維埃俄羅斯與波蘭簽署和平條約。白俄羅斯和烏克蘭加入蘇俄。

7 月 16 日　阿扎爾蘇維埃社會主義自治共和國成立，屬於格魯吉亞蘇維埃社會主義共和國。

10 月 18 日　克里木蘇維埃社會主義自治共和國成立。

11 月 23 日至 28 日　全俄蘇維埃第九次代表大會。

1922 年

1 月 9 日　布里亞特－蒙古自治州成立。

3 月 12 日　南高加索蘇維埃共和國成立。

3 月 27 日至 4 月 2 日　俄共（布）第十一次代表大會。

4 月 27 日　雅庫特蘇維埃社會主義自治共和國成立。

10 月 16 日　俄共（布）中央全會通過關於各獨立蘇維埃共和國實行聯合的形式問題的決議。

11 月 15 日　全俄中央執行委員會頒布關於遠東共和國同俄羅斯聯邦合併的法令。

1 月 13 日　南高加索蘇維埃聯邦社會主義共和國成立。

12 月 23 日至 27 日　全俄蘇維埃第十次代表大會。

12 月 30 日　蘇維埃社會主義共和國聯盟成立。

1923 年

4 月 17 日　俄共（布）第十二次代表大會。

5 月 30 日　布里亞特－蒙古蘇維埃社會主義自治共和國成立。

7 月 6 日　中央執行委員會通過第一部蘇聯憲法。蘇聯勞動國防委員會成立。

7 月 25 日　卡累利阿蘇維埃社會主義自治共和國成立。

1924 年

1 月 21 日　列寧逝世。

1 月 26 日至 2 月 2 日　蘇聯蘇維埃第二次代表大會。批准第一部蘇聯憲法。

2 月 2 日　蘇聯同英國建立外交關係。

2 月 7 日　蘇聯同義大利建立外交關係。

2 月 9 日　納希切萬自治州改為納希切萬蘇維埃自治共和國。

5 月 23 日至 31 日　俄共（布）第十三次代表大會。

5 月 31 日　蘇聯同中國建立外交關係。

6 月 18 日　蘇聯同丹麥建立外交關係。

10 月 12 日　摩爾達維亞蘇維埃社會主義自治共和國成立，屬烏克蘭社會主義自治共和國。

10 月 14 日　塔吉克蘇維埃社會主義自治共和國成立。

10 月 27 日　土庫曼蘇維埃社會主義共和國和烏茲別克蘇維埃社會主義共和國成立。

向師友杜婉華、紫梅、石濤、雲昭、張琳、張淑伶
的巨大道義上的支持呈上敬意。

杜斌

「列寧可能是人類史上
端革命運動，不僅橫掃
洲，而且覆蓋了整顆行
國人死掉，祇有在灰燼
才配看到全世界燃燒。

第一人：他所發動的極
社區、區域、政府和大
星。……他要大部分俄
堆裡存活的極少數人，

——蘇聯哲學家德·沃爾科戈諾夫

他
人
眼
中
的
列
寧

「俄國革命是由一個有大腦梅毒的瘋子列寧來完成的。」

——俄國科學家伊萬‧巴甫洛夫

「列寧是個邪惡的人，他長著一對狼一樣的邪惡的眼睛。」

——俄國作家阿麗德娜‧特爾科娃

「列寧綜合了車爾尼雪夫斯基、涅恰耶夫、特卡喬夫的特點與莫斯科偉大的首領彼得大帝以及俄羅斯暴虐政治家的特點。」

——俄國宗教和政治哲學家尼古拉‧貝爾代耶夫

「列寧有許多罪惡，但他最大的罪惡是蔑視人民。馬克思只是蔑視農民，他寫了關於鄉村生活的愚蠢。列寧比馬克思更進一步：藐視所有社會階層，除了無產階級之外，在本質上，也不知道。他被知識份子包圍，他像農民一樣被鄙視，因為他們中沒有一個與他平等的智力。齊諾維耶夫、加米涅夫、拉狄克、布哈林等只是他的陰影……列寧的共產主義變得如此暴虐，遠遠超越了在他面前存在的所有專制。」

——英國作家羅伯特‧佩恩

「像一神教的神一樣，獨裁者是一個非常嫉妒的神。除他自己以外，他不能容忍有別的神存在。黨內如果有人不相信他的神明不謬，就會引起他的劇烈的憎恨。列寧要求全體工人階級都溫順地服從他的領導。黨內如果有人對別的領導者表示更大的信賴的傾向，或者為自己的見解辯護，就會被列寧認為是死敵，要用一切手段和他們進行鬥爭。」

——德國社會主義理論家卡爾‧考茨基

「列寧的宗教信仰是暴力革命，暴力革命是列寧的上帝，而列寧則是暴力革命的聖徒。……沙皇的專制制度產生了個人恐怖。蘇維埃的恐怖起初也反對個人恐怖。但是到後來，個人恐怖就為列寧的群眾性的國家恐怖所代替了。」

——美國作家路易士‧費希爾

「列寧對自由的蔑視、他對己身信念的狂熱、他對敵人的殘酷，替他的事業帶來了勝利。……俄羅斯起初心甘情願、深信不疑追隨了他。然後她開始跟跟蹌蹌、回頭張望、對在她面前延伸出去的道路倍感害怕。他帶領她向前的鐵腕抓得越來越緊。列寧抱持著像使徒般的信念，引導俄羅斯前行。當西方沉浸於自由之中，俄羅斯卻日益陷入奴役。」

——蘇聯作家瓦西里‧格羅斯曼

「俄國是一個無限的專制主義的國家，比在沙皇統治之下還要嚴厲得多。政府有無上威權。除開符合政府意旨的集會以外，不准有任何集會；除開執政黨的報紙以外，不准有任何其他報紙。一切其他組織的成員，最好的情況是被監禁，最壞的是被槍決。警察對人民的控制達到了自由國家中的人們所幾乎不能想像的程度。這是一個絕對專政的政權，一個具有不受任何限制的權力的政權，它把每一個人完完全全地控制在手裡，而它本身卻是不受任何控制的。這樣一種專政制度破壞了一切知識的自由。在俄國，只有一種形式的科學——就是由政府正式批准的科學。如果有人所持的學術見解和官方規定的不同，就會被放逐挨餓；的確，如果沒有被流放或槍決，他必然會認為是幸運的了。」

——奧地利馬克思主義理論家奧托‧鮑威爾

「列寧是一個血腥的瘋子，也是俄羅斯的敵人。列寧只統治了幾年。每年死於列寧的人平均數字是一百六十萬。」

——俄羅斯歷史學家安德雷‧祖博夫

導師普列漢諾夫眼中的列寧

　　我承認我曾猶豫過，該不該寫寫列寧，因為每一個他的擁護者都會把讀到的第一行否定的文字看作是「來自陰間的報復」。但列寧是我的什麼也沒有向我學到的學生。此外，他也是我的對手，將來關於他會寫出許多書，因此我回避這個話題是怯懦的表現。在這類情況下很難做到客觀，但是我如果現在偏離真相的話，那就是背叛了自己。

　　列寧無疑是一個偉大的、非凡的人物。要寫他很困難，因為他是多面的。像變色龍一樣必要時會改變自己的顏色。他同知識份子在一起時是「知識份子」，同工人在一起時是「工人」，同農民在一起時是「農民」；他是必然的又是偶然的，是合乎邏輯的又是不合邏輯的，是簡單的又是複雜的，是始終如一的又是前後不一的，是馬克思主義者又是假馬克思主義者，如此等等。要是我指責他不懂馬克思主義，那就是在撒謊了；要是我說他死守教條，那也錯了。不，列寧不是教條主義者，他精通馬克思主義。但遺憾的是，他以不可思議的執著朝著一個方向（篡改的方向）、一個目標（證明他的錯誤結論是正確的）來「發展」馬克思主義。馬克思主義使他不滿意的只有一點，那就是在社會主義革命的客觀條件尚未成熟時應該等待。列寧是一個假辯證論者。他相信資本主義越來越嚴酷，始終朝著罪惡越來越深重的方向發展。但這是一大錯誤。隨著生產力的發展，奴隸佔有制變得溫和了。封建制度變得溫和了，因此，資本主義也在變得溫和。造成這一點的原因是階級鬥爭及各階層居民文化和自覺的逐步提高。

　　列寧是一個性格完整的典型，他看到了自己的目標，以狂熱的執著、一往無前地去追求它。他十分聰明、精力充沛、工作能力極強，不尚虛榮，不惟利是圖，但病態地愛面子，絕對不能容忍批評。「凡是不按列寧意見辦的一切都應該受到詛咒！」有一次馬克西姆．高爾基這樣說過。對於列寧來說，每一個在某個問題上與他不同意見的人都是潛在的敵人，對這樣的敵人不值得起碼的交往文明。

　　列寧是典型的領袖，他的意志壓制住周圍的人，使他們自我保存的本能退化。他勇敢、堅決、從來不喪失自制力、剛強、能算計、策略手段上很靈活。同時他不講道德，殘酷無情，毫無原則，從本性上說是一個冒險主義者。但是應該承認，列寧的不講道德和殘酷無情並非出於他本人毫無道德和殘酷無情，而是出於對他自己真理在握的信念。列寧的不講道德和殘酷無情，是通過使道德和人道服從於政治目標來擺脫個性的獨特辦法。列寧為了把一半俄國人趕進幸福的社會主義未來中去能夠殺光另一半俄國人。他為了達到既定目標什麼都幹得

出來，如果有必要他甚至可以同魔鬼結盟。已故的倍倍爾說過：「……我可以同魔鬼甚至同他的祖母一起去」，但他同時補充說，只有在他制服魔鬼或其祖母，而不是他們制服他的情況下，才能做這筆交易。列寧同魔鬼的結盟是以魔鬼騎著他飛跑而告終的，正如當年女巫騎著霍馬飛跑一樣。

普遍認為，政治是骯髒的事情。遺憾的是，列寧現在的行為十分清晰地證明了這個說法。沒有道德的政治是犯罪。一個大權在握的人或者一個享有巨大威望的政治家在其活動中首先應該遵循全人類的道德原則，因為沒有原則的法律，不道德的號召和口號對國家及其人民來說可能變為一場巨大的悲劇。列寧不懂得這一點，他也不想懂得這一點。

列寧狡猾地玩弄馬克思和恩格斯的語錄，往往對之作出截然不同的解釋。列寧從我關於個人和群眾在歷史上的作用的著作中只掌握了一點：他作為「肩負」歷史「使命的」人物可以為所欲為。列寧是一個承認意志自由，以為自己的行動統統具有強烈必要性的人的榜樣。他有足夠的學養，還不至於以穆罕默德或拿破崙自居，但卻絕對相信他是「命運的寵兒」。從社會發展規律和歷史必然性的觀點看，列寧只有在 1917 年 2 月前才是有用的 —— 在這個意義上他是必然的。二月革命推翻了沙皇制度，消除了生產力和生產關係之間的矛盾，在此之後列寧的歷史必要性就消失了。但糟糕的是過去和現在群眾都不明白這一點。他們得到了比西歐還多的政治自由權利，但由於食不果腹，一貧如洗，加之還被迫繼續作戰，因此甚至沒有發現這一點。要是戰爭在 1917 年春天結束，要是臨時政府毫不拖延地解決了土地問題，那麼列寧要完成社會主義革命就沒有任何機會了，而他本人也將永遠被從肩負歷史使命者的行列中一筆勾銷。這就是十月政變和今天的列寧不是必然的，而是非常不幸的偶然的原因。

列寧是一個理論家，但對於有學養的社會主義者來說他的著作沒有什麼意思，因為這些著作既沒有優美的文筆，也沒有經過精心推敲的邏輯，更沒有深邃的思想。但對於一個識字不多的人來說，這些著作總是因其敘述的簡潔、判斷的大膽、真理在握的信心、口號的吸引力而留下強烈的印象。

列寧是一個出色的演說家、能言善辯的論戰者，他能使用一切手段把論敵弄得十分難堪，迫使他閉上嘴巴，甚至加以羞辱。他儘管發音吐字不清，卻能清晰地闡述自己的思想，他善於討好聽眾，引起他們的興趣，甚至使他們著迷，同時他異常迅速而且正確無誤地使自己的講話適應聽

眾的水準，忘記了為正義事業作鬥爭並不意味著討好人群，降低到他們的水準上去。列寧是一個不懂「中庸之道」的人。「不同我們站在一起，就是反對我們！」這就是他的政治信條。他在設法作踐對手時不惜進行人身侮辱，破口大罵，不僅論戰時如此，而且在他以不可容忍的速度「炮製」的鉛印著作中也是如此。天才的普希金連自己的信件也要謄寫得清清楚楚。偉大的托爾斯泰要幾次校對自己的長篇小說。列寧則只限於作一些微不足道的改正。

　　許多為每一個文明人承認的全人類概念列寧一概加以否定，或者從消極意義上加以詮釋。例如，對於任何一個有文化的人來說，自由主義是一個正面的觀點體系，而對於列寧來說，這無非是「自由主義的下流貨色」。對於任何一個有文化的人來說，資產階級民主，即使是打了折扣的，畢竟仍然是民主，而對於列寧來說，這是「庸俗行為」。可是不受任何限制的階級恐怖卻是「無產階級的民主」，雖然從原則上說，民主即人民的權力，不可能是資產階級的，也不可能是無產階級的，因為資產階級也好，無產階級也好，單獨來說只是人民的一部分，而且遠非是一大部分。

　　托爾斯泰，這位十分偉大的人道主義者，認為沒有愛，沒有善和純樸就不可能有真正的偉大，他不會承認列寧是偉大的。他對不對呢？拿破崙不以愛、善和純樸見長，但他無疑是一位偉大的統帥。歷史上有過偉大的詩人、偉大的音樂家，但歷史上也有過巨惡元兇。那麼列寧是個什麼樣的人呢？列寧是二十世紀的羅伯斯庇爾。但是如果說羅伯斯庇爾砍掉了幾百個無辜者的腦袋，那麼列寧將砍掉幾百萬人的腦袋。我因此想起了我同列寧最初會見中的一次，我想那是 1895 年夏天在蘭多爾特咖啡館裡的一次會見。我們談起雅各賓黨專政垮臺的原因。我開玩笑說，這個專政垮臺是因為斬首機砍的腦袋太多了。列寧抬起眉毛，十分嚴肅地反駁說：「雅各賓黨共和國垮臺，是因為斬首機砍的腦袋太少了。革命應該善於自我保衛！」於是我們（在場的有保 ・ 拉法格、茹 ・ 蓋德，好像還有沙 ・ 龍格）只是對烏里揚諾夫先生的極端言論付之一笑。但是未來卻表明，這不是年輕和急躁的表現，而是反映了他的策略觀點，這些觀點他當時已經明確形成了。羅伯斯庇爾的命運是眾所周知的。列寧的命運也好不了多少，因為他進行的革命比神話中約彌諾陶洛斯更可怕；這場革命不僅將吃掉自己的孩子，還要吃掉自己的父母。

（源自俄國馬克思主義創始人普列漢諾夫遺作《政治遺囑》，1918 年 4 月 7 日至 21 日）

「**列寧同志清掃地球**」：這是 1920 年 4 月 22 日在列寧五十歲生日之際推出的宣傳畫《列寧同志清掃地球》。在畫中，列寧彎著腰，雙手緊握掃把，雙眼直盯著地球上的污穢，用力地清掃著。紅色的掃把象徵著十月革命，意思是要用革命的手段和力量消滅地球上的反動勢力。再看反動勢力的代表們：上面的兩位身披貂皮大衣、頭戴皇冠是象徵以沙皇為首的君主專制代表；左下邊那個身穿黑袍、神態慌張的人象徵著封建宗教勢力，已快被掃出了地球；右下邊的那個禮帽脫落、緊抓錢袋的人象徵著資本主義勢力，已被掃出了地球。

列寧的家庭：1879 年，列寧一家人在辛比爾斯克。站立者（左起）：列寧早夭的姐姐奧爾嘉、列寧的哥哥亞力山大、列寧的姐姐安娜。坐者（左起）：母親瑪利亞與列寧的妹妹瑪利亞、列寧的弟弟迪米特里、父親伊利亞、弗拉基米爾 • 伊里奇 • 烏里揚諾夫（即列寧，這是他的革命化名）。列寧和他的哥哥穿的是校服。

　　列寧於 1870 年 4 月 22 日出生在辛比爾斯克。在他的一生中，對他影響最深的是他哥哥的死亡：亞歷山大加入激進的民意黨，計劃用炸彈謀殺沙皇亞歷山大二世，但在謀劃階段因為事情敗露而被處以絞刑。此時的列寧，已經成為一個馬克思主義者，他反對民意黨人和民粹派分子所採用的恐怖手段，他選擇了一條進行無產階級革命的道路，而不是個人投擲炸彈的道路，來摧毀令他恨之入骨的沙皇俄國。

　　美國作家路易士 • 費希爾在著作《列寧的一生》中寫道：「一個青年人（他的巨大才能才剛剛開始表現出來）的死長時間地震驚著活著的人們。劊子手按照可恨的專制君主的命令用絞索絞死了他，他的死不僅使活著的人們感到震驚，也使他們感到無比憤怒。亞歷山大 • 烏里揚諾夫成了那些在他生前從來不認識他、從來沒有聽說過他的俄國人的英雄。他成了弗拉基米爾 • 烏里揚諾夫（列寧）心目中的英雄。列寧由於不能再接近他的英雄的哥哥，由於不瞭解他的英雄的哥哥以及對他估計不足而感到非常懊惱，這種痛苦不堪的心情使他更加憤怒，更加震驚。當列寧已經上了大學，第一次被捕後，同牢房裡的一個人問他出獄後打算幹什麼？列寧回答說：『我要幹什麼呢？…… 我哥哥已經為我開闢出了一條路 ……』列寧的夫人克魯普斯卡婭（她是在認識列寧的那一天第一次聽說亞歷山大 • 烏里揚諾夫的）回憶道：『哥哥的命運無疑對弗拉基米爾 • 伊里奇具有深刻的影響。……』對列寧來說，即使劊子手的絞索不折斷他哥哥的頸椎骨，那他大概也能夠選擇一條道路最終使他進入克里姆林宮的。要知道他的道路預先就已經確定了：在這方面產生了影響的既有俄國知識界中掀起的社會風潮，也有專制制度熄滅了烏里揚諾夫家的那盞明燈的罪惡之手。」

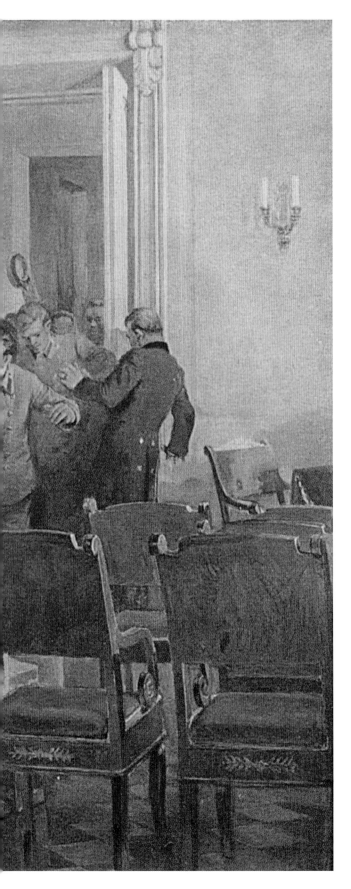

列寧和同學：1887 年 6 月，列寧（左四）全家遷居喀山。他進入喀山大學法律系學習。因為反對大學裡的警察制度而引起警方關注。當查明他是那個恐怖分子的弟弟後而被開除。他的寡母再三懇求，校方也不允許他復學。列寧在此後的一生中都痛恨法律。他加入了當地的馬克思主義研究小組，開始走上社會主義革命的道路。

　　俄國史學者理查 ● 派普斯在著作《共產主義實錄》中寫道：「在這期間，他對沙皇政權的怨恨與日俱增，這個政權竟因為觸犯校規這樣的區區小事，如此苛酷地懲罰他，並永遠斷送了他的前程。他不但痛恨沙皇體制，而且痛恨那個『上流社會』。原因是：由於其兄犯罪被殺，全家都被從『上流社會』中驅逐了出來。這種深仇大恨，使他成為一個狂熱的革命者，下定決心要連根帶葉，把現存的社會體制和政治體制徹底摧毀掉。由此可見，列寧的革命情操，並非出於對貧苦大眾的同情心。事實是：1891 年至 1892 年間伏爾加河地區鬧災，當地的知識份子要對那些嗷嗷待哺的饑民給以人道主義的救濟，列寧獨自表示反對。他認為災荒有進步作用，因為它可以毀掉那個古老的農民經濟，為社會主義掃清道路。再者，列寧的革命熱忱，也不是出於有什麼遠大理想，要爭取較為公平合理的未來。它完全是出於一種激憤之情，急於要復仇雪恨。在十九世紀九十年代，司徒盧威曾經和列寧一道工作過，知之甚稔多年以後，司徒盧威寫道：列寧性格中最大的特點，就是仇視一切。這位出生於俄國內地的青年人的偏激傾向，將對二十世紀的世界政治產生深遠的影響。一切都是從仇恨心出發，仇視外人，不論其為不同社會階級的人，或不同民族，不同種族的人。」

警方記錄：列寧開始於 1895 被捕。從 1897 年 2 月開始，他將在西伯利亞度過三年流放生活。但是警察並沒有認真對待他這位未來的馬克思主義者領袖。「一個小集團，」一名官員在一份報告中說，「他們至少五十年都不會有結果。」

（右圖）**愜意的流亡**：1908 年 4 月，義大利卡普里，國際象棋比賽。列寧正在與作家馬克西姆 • 高爾基（中心，手托下巴）度過一個星期的快樂假期，因為煽動布爾什維克造反，列寧從 1906 年到 1913 年在島上流亡生活。從左到右，站立者：弗拉基米爾 • 巴扎羅夫，高爾基，齊諾維比 • 派什科夫，納塔利婭 • 博格達諾娃。坐者：伊凡 • 拉德日尼科夫，列寧和亞歷山大 • 博格達諾夫。

　　俄國史學者理查 • 派普斯在著作《共產主義實錄》中寫道：「從 1900 年到 1917 年這十七年間，列寧幾乎全部時間都是在國外度過的。……在這十七年間，只有當 1905 年俄國爆發革命時，列寧曾回到俄國一次。1905 年革命後，沙皇政府迫於形勢，允許人民享有某些政治權利，布爾什維克黨人也因此獲益，可以公開活動。」

赤色恐怖的彩排：俄曆 1905 年 1 月 9 日（西曆 1 月 22 日），聖彼得堡 冬宮廣場，行刑隊射殺和平請願的民眾。這次血腥屠殺成為列寧赤色恐怖開啟前的一次彩排。美國作家路易士 ● 費希爾在著作《列寧的一生》中寫道：「這次事件使得俄國各個城市群情激憤。列寧從遙遠的地方注視著局勢的發展並不斷地給予指示。他號召各支革命隊伍進行獨立的軍事行動，即使每支隊伍只有兩、三個人也要這樣做。『戰鬥隊應當自己武裝起來，誰能找到什麼就用什麼（槍、左輪手槍、炸彈、刀、鐵拳套、棍棒、縱火用的浸了煤油的布片、繩子或繩梯、構築街壘用的鐵鍬、炸藥盒、有刺鐵絲、對付騎兵用的釘子及其它等等）。』—— 列寧一面提出這樣的建議，同時還在組織方面和軍事方面作出許多指示。革命者可以『爬上屋頂、樓房上層等處，從那裡向軍隊扔石塊，

潑開水』，或者是進攻敵軍士兵和警察的孤立的、人數不多的隊伍，以便釋放被捕的或受傷的起義者並獲得武器。列寧警告道：『當然，任何極端都是不好的；一切好的有益的事情，如果走到極端，就可能成為、在超過一定界限時甚至一定會成為壞的有害的事情。無秩序無準備的小的恐怖行動走到極端，只會分散和消耗力量。這是千真萬確的，當然不應當忘記這一點。但是，另一方面，無論如何也不應當忘記下面這一點：現在起義的口號已經發出了，起義已經開始了。在有利的條件下開始攻擊，不僅是每一個革命者的權利，而且是他的直接的義務。打死特務、警察、憲兵，炸毀警察局，救出被捕者，奪取政府的錢財來供起義的需要，—— 一切爆發起義的地方都在採取這種行動，無論在波蘭或高加索都是這樣......』」（藝術家 /И. А. Владимиров）

尼古拉二世簽署宣言：俄國首都聖彼得堡發生的「血腥星期日」，引發了俄國 1905 年革命。為了穩定國內局勢，沙皇尼古拉二世簽署了《整頓國家秩序宣言》，宣佈俄羅斯帝國實行君主立憲制。蘇聯諷刺與幽默雜誌《鱷魚》於 1955 年刊登藝術家庫克雷尼克塞的漫畫來紀念俄國 1905 年革命五十周年。這幅誇張的漫畫描繪了革命的敵人尼古拉二世簽署宣言時的情景，右上角的俄語是一位詩人寫的醜化尼古拉二世的詩歌，將其比喻為踐踏工人和農民的「血腥的劊子手」和「王室的笨蛋」。

（右圖）**最後一次政治自由化**：1911 年 9 月 14 日，在基輔歌劇院，沙皇俄國政府總理、土地改革宣導者彼得 • 斯托雷平遭到刺客槍擊，一槍擊中手臂，另一槍擊中胸部。他在倒下之前，朝向沙皇尼古拉二世與皇室成員劃出十字聖號祝福。他一生躲過了二十次謀殺，但是這一次要了他的命，四天後他在醫院離世。兇手是德米特里 • 柏格羅夫，他很快被絞死。斯托雷平是俄羅斯帝國末期最重要的政治家之一，他的死亡標誌著俄國政治改革的終結。

排隊購物的絕望：彼得格勒（1914 年爆發第一次世界大戰，因聖彼得堡一詞來源於德語，聖彼得堡更名為彼得格勒）居民在雪地上排隊，等待分配煤油進行烹飪和取暖。在戰爭中越來越多地反映出城市工人等待食物和其他生活用品的無休止的苦難。國家對民用物資的控制是在戰爭中開始的，而且是隨意的。食品配給於 1916 年推出，到 1917 年初，食品價格已經攀升到戰前水準的四倍。投機猖獗。有時候，婦女要花一整夜來排隊，「許多婦女每星期花在排隊的時間至少四十小時」。

　　俄曆 1917 年 2 月 23 日（西曆 3 月 8 日）國際婦女節，身處彼得格勒街頭的美國新聞攝影師唐納 • 湯普森在寫給妻子的信上說：「如果你看到那些等著買麵包的人龍，經過時目睹他們臉上的表情，你根本不敢相信現在是二十世紀。」

二月革命：俄曆 1917 年 2 月 23 日（西曆 3 月 8 日）國際婦女節。在彼得格勒，成千上萬名女工人和女大學生紛紛走上涅瓦大街街頭抗議麵包匱乏（此前工人罷工示威已持續了數天），她們邊遊行邊高喊著「要麵包！」。遊行人群衝垮了哥薩克軍警的防線，後者對此漠然視之，因為沒有接到上級的任何明確指令。

在 2 月 24 日，皇后亞歷山德拉致尼古拉二世的信中稱必須拿出「權威」讓抗議者「嘗嘗你的拳頭」。在 2 月 25 日，尼古拉二世電令軍隊以「武力制止彼得格勒的混亂」，於是軍隊在 2 月 26 日開槍殺死了一百五十餘人。殺戮激怒了民眾，士兵們開始背叛沙皇。二十多萬民眾走上街頭，衝進兵工廠奪走十五萬支槍，還襲擊警察。除了與軍警的正面衝突之外，互相報復、搶劫或從監獄釋放出來的罪犯鬥毆，官方的不完全統計數據表明有一千四百三十三人在暴力中死亡，而史學家則估計有三千至五千人死亡。與此同時，全俄國有多個城市發生了示威抗議活動。這場暴亂由布爾什維克領導，從 2 月 23 日至 28 日（西曆 3 月 8 日至 12 日），史稱二月革命。

革命的骨頭：俄曆 1917 年 2 月 27 日（西曆 3 月 12 日），彼得格勒工人們上街遊行。

「**世界上最自由、最先進的國家**」：1917 年二月革命頭幾天，布爾什維克新成立的人民民兵在襲擊彼得格勒警察總部。（照片 /Yakov Shteinberg）

（*後跨頁圖*）**刺刀上的革命**：1917 年二月革命頭幾天，人民民兵第一天在彼得格勒巡邏。在街頭巡邏的人民民兵經常把布爾什維克的紅旗固定在他們的刺刀上，以顯示他們革命的合法性。（照片 /Yakov Shteinberg）

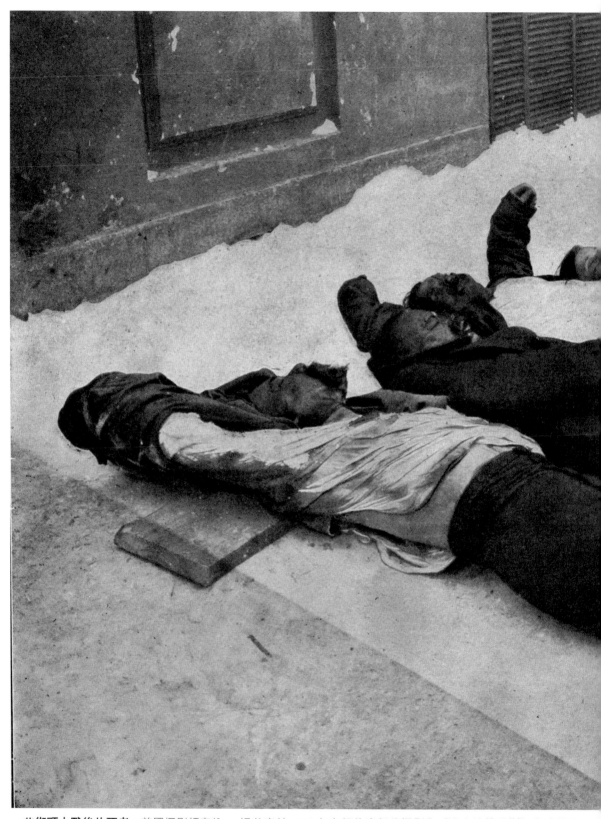

一些街頭大戰後的死者：美國攝影師唐納 • 湯普森於 1918 年在紐約出版的攝影集《浸血的俄羅斯》中這張照片圖註為：「在每次戰鬥之後，死者都是這樣離開的，直到車把他們帶到停屍房。受傷者根本就沒有機會存活，因為在很長時間後，救護者才能到達，而他們已被凍死。許多只有輕傷的人也屈服死刑。」

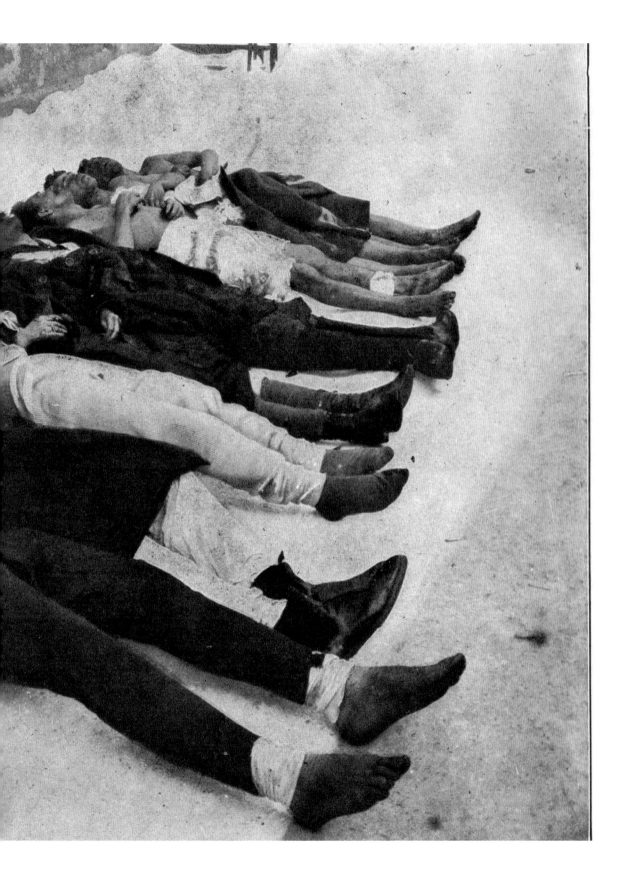

被朋友識別的屍體：美國攝影師唐納 • 湯普森於 1918 年在紐約出版的攝影集《浸血的俄羅斯》中這張照片圖註為：「有時死者會被朋友認出，然後他們會把紙條釘在衣服上以便於辨認。屍體已被確認。」

辨認死者：在彼得格勒一間停屍房，遇難者的親屬在認領在二月革命中死去的親人。

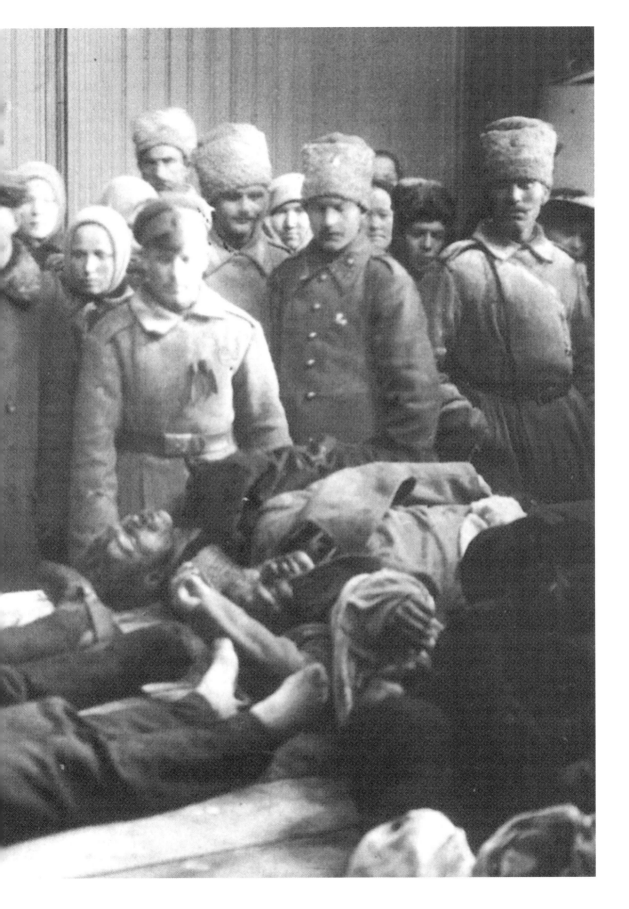

夢想與破滅：俄曆 1917 年 2 月 27 日（西曆 3 月 12 日），彼得格勒塔夫利宮會議廳，遭到沙皇取締的國家杜馬議員們組成了一個「旨在恢復秩序和重建國家機構及其人員關係的臨時委員會」（頂部圖）。緊隨其後，身穿士兵制服和工人裝束的近六百名代表擠滿了這個會議廳，經過一番集市般吵嚷後，他們選舉出了自己的代表，並成立了「工兵代表蘇維埃臨時執行委員會」（左圖）。臨時政府和蘇維埃的成立，標誌著俄國有兩個政府同時存在，也標誌著各種衝突及對待合法性和俄國社會未來兩種不同觀念的共存。

　　1918 年 1 月 5 日，制憲會議也將在這個會議廳召開。布爾什維克拒絕接受選舉的失利，列寧調集武裝軍隊強制解散了制憲會議。布爾什維克公然違反制憲規則的行為激起了民眾的強烈抗議，列寧指令軍隊開槍鎮壓。孟什維克和社會革命黨等反對派譴責布爾什維克背叛工人階級，並稱其統治為「沙皇專制」。而一向支持布爾什維克的左派作家高爾基，憤然寫文章指責布爾什維克「來福槍驅散了近百年來俄國最優秀分子為之奮鬥的夢想」。

The New York Times.

"All the News That's Fit to Print."

THE WEATHER
Fair today; tomorrow rain or snow; moderate northwesterly winds.

VOL. LXVI...NO. 21,601.　　　　　　NEW YORK, FRIDAY, MARCH 16, 1917.—TWENTY PAGES.

REVOLUTION IN RUSSIA; CZAR ABDICATES; MICHAEL MADE REGENT, EMPRESS IN HIDING; PRO-GERMAN MINISTERS REPORTED SLAIN

RAILWAY STRIKE ORDERED TO BEGIN TOMORROW NIGHT

Managers and Heads of Brotherhoods End Final Conference, Both Defiant.

WILSON NOW THE ONLY HOPE

President Seems to Have No Authority, but May Make Appeal to Patriotism.

FIVE DAYS' GRACE FOR MILK

Travelers to Have Time to Get Home—Appeals for the Public's Approval.

Government Heads Hold a Mysterious Conference

LONDON HAILS REVOLUTION

Expected Czar's Overthrow and Sees Brighter Prospects for the Allies.

THINK THE COUP DECISIVE

Well-Informed Observers Believe the Patriotic War Party Has Made Its Control Secure.

FEAR NO SEPARATE PEACE

With Weak Ruler Deposed and Pro-German Advisers Ousted, They Predict New Victories.

FRYATT'S FATE FOR OUR GUNNERS

German Threat to Put to Death Crews of Any Armed American Ships They Capture.

WARNING IN MUNICH PAPER

Duma Appeals to the Army for Unity Against Foe; Gives Pledge of No Weakening or Suspension of War

ARMY JOINS WITH THE DUMA

Three Days of Conflict Follow Food Riots in Capital.

POPULACE TAKE UP ARMS

But End Comes Suddenly When Troops Guarding Old Ministers Surrender.

CZAR FINDS CAPITAL GONE

Returns from Front After Receiving Warning from Duma and Gives Up His Throne.

Leading Figures in Russian Revolution.

People in Revolt Burn and Slay in Streets of Russia's Capital

Empress Reported Under Guard or Hiding From Angry People

The New York Times.

"All the News That's Fit to Print."

THE WEATHER

VOL. LXVI...NO. 21,602.　　　　　　NEW YORK, SATURDAY, MARCH 17, 1917.—TWENTY PAGES.

THE ROMANOFF DYNASTY ENDED IN RUSSIA;

（頂部圖）**沙皇退位**：1917 年 3 月 16 日，美國《紐約時報》頭版稱：「俄羅斯革命；沙皇退位。」

羅曼諾夫王朝終結：1917 年 3 月 17 日，美國《紐約時報》頭版稱：「羅曼諾夫王朝終結在俄羅斯。」迫於壓力，沙皇尼古拉二世於俄曆 3 月 2 日（西曆 3 月 15 日）棄權退位。統治俄國三百零四年的羅曼諾夫王朝宣告終結，同時也標誌著享有一千年輝煌歷史的古老的沙俄君主政體的終結。

「二月革命所遭遇的最大不幸，就是俄國對於具有根本改變社會制度和國家制度的性質的瞬間轉折（尤其是在戰爭破壞的條件下）並未做好準備。人們被戰爭、贍養人死亡、貧困搞得筋疲力盡，變得冷酷無情，對他人的悲痛和他人的痛苦愈來愈無動於衷。只剩下對出現奇跡的希望。這就是易於接受革命精神的破壞性思想、包括布爾什維克的暴力思想的謎底所在。……二月革命以不流血的方式推翻了專制制度，卻為血腥的動亂開闢了道路。暴力和恐怖在俄羅斯大地上蔓延開來。」

——蘇聯政治家亞歷山大·雅科夫列夫

國家的葬禮：俄曆 1917 年 3 月 23 日（西曆 4 月 4 日），彼得格勒，臨時政府和布爾什維克為二月革命的死難者舉行葬禮。這一天，整座城市似乎成為「一座巨大的大教堂」，有數十萬民眾前來觀禮和致意。這是一場國家級的葬禮。

「德國的領導人把所有武器中最恐怖的那種用在了俄羅斯。他們把列寧像鼠疫桿菌那樣裝在一輛密封卡車裡運了回去。」

——溫斯頓‧邱吉爾

列寧歸來：「列寧出入德境，護照和行李不受任何檢查，乘客進入車廂也不受德國當局檢查，結果乘客們實際上享受了外交上不可侵犯的特權。」美國作家路易士‧費希爾在著作《列寧的一生》中寫道。「德國皇帝凱撒親自下了這樣的一道命令：『如果瑞典不准布爾什維克進境的話，我們可以讓他們從德軍在東線的駐地通過。』列寧從德國人那裡得到了二十至二十五萬馬克，當時這筆錢等於五至六萬美元。」

1917 年 4 月 16 日晚上 11 時 10 分，流亡十一年後，茫茫人海卡住了彼得格勒的芬蘭站，列寧戲劇性地進入了俄羅斯。軍隊揮舞著紅色橫幅，一個軍樂隊演奏了新填詞的《馬賽曲》。列寧冷落了歡迎他的孟什維克黨人，接管了「世界無產階級軍隊的先鋒隊」。他在隨即發表的演説中稱：「社會主義革命的曙光已經出現 …… 世界社會主義革命萬歲！」

在成千上萬人的歡呼聲中，列寧站在防彈車上，幾乎每到一個路口都得面對著新的人群講話。列寧的講話「聞所未聞，驚世駭俗」。身處現場的記者尼古拉‧蘇哈諾夫後來在其《回憶錄》中寫道：「在布爾什維克總部前，我第一次聽到了不同的聲音。就在列寧在陽臺上再次闡述他的觀點時，一個士兵喊道：『好呀，像這樣的傢伙，説出這種話來，非得用刺刀刺死他不可！大家聽見沒有！這是一個德國鬼子！』」

在抵達彼得格勒後的第二天，列寧在布爾什維克代表選舉大會上發表演講稱，只需要數星期時間，資產階級革命就可以過渡到社會主義革命。隨後，列寧宣讀他早已準備好的《四月提綱》。蘇聯歷史研究學者尼古拉‧韋爾特在著作《1917年》中寫道：「他（列寧）在會上聲稱，將無條件地反對『革命衛國主義』，反對臨時政府，反對議會共和體制。他明確闡述了自己的政治綱領：廢除警察、軍隊以及一切國家官僚體制，沒收大地主的財產，土地國有化，並由工人接管企業。針對目前的形勢，他提出了三個口號：『打倒戰爭！』『打倒臨時政府！』和『一切權力歸蘇維埃！』列寧的這些論斷讓首都大多數的布爾什維克領袖目瞪口呆，並且遭到了他們的強烈反對，然而列寧的影響卻在逐漸增大。」

列寧面對布爾什維克人遲遲不願意掀起革命高潮心急火燎。十月政變的軍事領袖列夫‧托洛茨基後來在著作《俄羅斯革命史》中寫道：「4 月和 7 月，列寧努力克制。8 月，他在理論上為新的階段做準備。從 9 月中旬開始，他開始出擊，全力以赴地進攻。如今的危險不在於過快地前進，而在於遲遲不動。」

列寧回到彼得格勒後的一舉一動都在德國間諜的視線裡。1917 年 4 月 17 日，德國在斯德哥爾摩的情報機構向柏林總部發出電報説：「列寧幸運地進入了俄羅斯。他已完全按照所願行事。」

「這道光呈鮮紅色，……灰
蘇醒。……牠們成群結隊地
光裡佔據一席之地。……繁
牠們在這道光裡分裂成幾部
成新的機體。這些機體在幾
一代。於是，在紅光裡，然
蟲，開始無可避免的搏鬥，
碎或者吞食對方。新生蟲之
亡者的屍體。強壯的勝利了

色變形蟲……在紅光裡紛紛
爬著，相互搏鬥，為在這道
殖……以閃電的速度……。
分，兩秒後，每個部分都變
秒內長大成熟，立即繁殖新
後在整個光圈裡，擠滿變形
新生蟲兒猛地相互襲擊，撕
間佈滿為生存進行鬥爭的陣
。」

——M·布爾加科夫 《不祥的蛋》

德國資助的遊行：這是由布爾什維克領導的街頭抗議。美國攝影師唐納 • 湯普森於 1918 年在紐約出版的攝影集《浸血的俄羅斯》中這張照片圖註為：「五月一日節街頭遊行的人群。這是由德國出資支持的遊行：向每個願意大聲喊叫的人支付了十盧布，『政府下臺！停止戰爭！』」

（*後跨頁圖*）**革命中的期望**：1917 年 5 月 4 日五一節，布爾什維克慶祝活動在彼得格勒皇宮廣場。橫幅上寫的文字為：「民主共和國萬歲！」「社會主義萬歲！」在沙皇時代五一節政治示威是非法的。

УПРАВ. ПЕТРОГР. УѢЗДН. ВОИН. НАЧАЛЬН

ДА ЗДРАВСТВУЕТЪ

ДЕМОКРАТИЧЕСКАЯ РЕСПУБЛИКА!

Всенародный праздникъ
18-го Апрѣля 1917 г. въ Пе

Да здравствуетъ
Соціализмъ
РАБ.ОБ.МАСТЕРС
ИНСТИТ.
го Мая
градъ.
Дворцовая пл щадь.

女子敢死營：女子敢死營的女兵在開往前線頭幾天，前往聖雅薩克大教堂，讓她們的旗幟得到祝福。女子敢死營是世界上第一支全部由女人組成的敢死隊。這是指揮官波奇卡列娃（照片中手持佩劍者）為提振俄羅斯民心士氣向臨時政府總理克倫斯基懇請而於 1917 年 5 月 21 日創立的。女兵由十八歲到二十五歲之間的女大學生、貴族女性、職業婦女和農民組成。她說：「我們會去男人拒絕去的任何地方，男人逃跑的時候，我們會作戰。女人會領著男人回到戰場。」

　　這些訓練有素的女兵在前線作戰勇敢，從沒有辱沒過女子敢死營的榮譽。但在布爾什維克發動的十月政變中，守衛冬宮的部分解除武裝的女兵遭到了赤衛兵的強暴和殺害。波奇卡列娃在 1919 年 12 月 25 日遭到契卡（即列寧的全俄肅反委員會）關押，並於 1920 年 5 月 16 日被槍殺。（照片 /Donald Thompson）

为肚皮戰鬥：1917年8月，彼得格勒，在一家商店門口外排隊的人們。儘管1917年3月出臺了有關最基本必需品（麵包、麵粉、糖、肉、蛋、食用油）配給卡制度，但是人們還是從半夜裡（有時更早）就開始排隊，因為次日的供應並無保證。

苦難的農民：革命時期的俄國農民。第一次世界大戰給俄國農村帶來了巨大的人力負擔和人命損失。美國記者暨社會主義者阿爾伯特 • 威廉斯在布爾什維克的協助下走訪了俄國各地，他四處聽到人民「在苦難中的呻吟」。他在著作《俄國革命透視》中寫道：「在俄國有成千上萬這樣的村子，村裡的壯丁都被徵發到前線打仗去了。這個村子只是無數農村中的一個，人們不容易去到這些農村去，只有那些缺了腿、折了胳膊或者瞎了眼睛的人有時候艱難地爬行到了那裡。然而，千百萬人，一般都沒有回到他們的村裡。他們都躺在那個墳墓裡，那個從裡海到波羅的海，沿著整個俄德戰線連綿二千五百公里的巨大的墳墓裡。這些農民幾乎是赤手空拳地被驅去那裡作戰，德軍的機關槍在那裡把他們成千上萬地掃射死了。……成千上萬的士兵丟下了槍枝，跑回了後方。他們像遮天蔽日的蝗蟲似地移動，沿途阻塞了鐵道、公路和水路的交通。他們攔住火車，攀上敞車和車頂，一串串地吊在車廂踏板上，還常常把乘客從臥鋪上趕走。有一個基督教青年會的人堅持說，他曾經看見這樣的招貼：『士兵同志們！車行時請勿將乘客扔出窗外。』也許，這是誇大的話。但是，我們的箱子的確是被他們從窗子裡扔出去了。」

（後跨頁圖）**最糟糕的死亡**：親臨第一次世界大戰戰場的美國攝影師唐納 • 湯普森於1918年在紐約出版的攝影集《浸血的俄羅斯》中這張照片圖註為：「這是俄羅斯戰區經常看到的那種景象。在所有的死亡中，死於電線上是最糟糕的。」

煽動演説：這是俄國藝術家布勞茨基於 1926 年繪製的油畫《列寧在普蒂洛夫工廠的會議上》。列寧每時每刻都燃燒著奪取俄國政權的激情。奪權是要流血的。流血是需要人命的。他利用民眾、工人和士兵對當前情勢的失望和不滿，將眾多無產階級魅惑招募到布爾什維克的陣營裡來，並許下美好的願景：「給和平，土地和自由。」

在 1917 年 2 月，布爾什維克僅有二萬三千人，到 10 月初已暴增至三十五萬人。武裝起義和流血的人手已有了。俄國是列寧的了。

（後跨頁圖）**冬宮前的典型人群**：美國攝影師唐納 ● 湯普森於 1918 年在紐約出版的攝影集《浸血的俄羅斯》中這張照片圖註為：「克倫斯基在每天聚集的巨大人群中看到危險。用不足的志願民兵來控制他們是不可能的。布爾什維克沒有使用他們的步槍和機槍來控制男人、女人和孩子。他們的目標是佔領這個城市，殺掉所有阻擋他們的人。這是最糟糕的無政府狀態。人們不能呆在家裡，因為他們有著真正的俄國好奇心，他們都想看看會發生什麼事。」

（前跨頁圖）**十字路口的恐慌**：這是革命進程中的關鍵時刻，它標誌著兩個政權並存局面的結束，政權完全落入資產階級臨時政府手中。前線盲目進攻，致使三十萬俄國士兵戰死，打擊了士氣，激怒了民眾。臨時政府的呆滯遲鈍，似乎無力結束戰爭，推動壞死的社會改革，導致了彼得格勒的一個極度動亂的夏天。

在 6 月，戰爭部長亞歷山大・克倫斯基下令對德軍進行災難性的攻勢。俄羅斯軍隊遭受了可怕的失敗。成千上萬的士兵離開了前線，在首都，他們加入了憤怒的工人，在新一輪的大眾街道抗議活動中。有組織的政黨只能無奈地看待這一不受控制的民眾對政府的憤慨。布爾什維克煽動數十萬水手、工人和無政府主義的武裝人員到彼得格勒的街道上抗議示威，並且高喊「一切權力歸蘇維埃！」口號，抗議者與臨時政府的部隊發生衝突。

俄曆 1917 年 7 月 4 日下午二點，攝影師維克托・布拉在彼得格勒的涅夫斯基大街和薩多瓦婭角落的三樓工作室工作，當時他在下面的街道上聽到許多陣陣的槍聲。嚇了一跳，他衝到窗前，看到數百名示威者在臨時政府軍的攻擊下為自己的生命奔跑。許多人躺在地上，無論是死亡還是扭曲的痛苦。布拉仔細地定位了他的乾版照相機，專注於可怕的場景，並拍攝了二十世紀最著名的紀錄照片之一。那天下午有十六人遇難，直到現在為止，和平示威。另有六百五十人受傷，其中四人以後在醫院死亡。

為了穩定局勢，臨時政府宣佈首都戒嚴，解除工人武裝，逮捕了布爾什維克的一些領袖，取締布爾什維克的報紙並通緝德國間諜列寧。列寧喬裝改扮後逃亡芬蘭。臨時政府部長主席克倫斯基完全掌握了權力，兩個政權並存的局面終止，蘇維埃成了附屬品。蘇聯歷史研究學者尼古拉・韋爾特在著作《1917 年》中寫道：「布爾什維克黨人被暫時排除在外後，政治家們有著強烈的整頓國家秩序的願望。然而，這個國家還能被順利管理下去嗎？在 1917 年的夏天，社會衝突已經達到頂點，因為社會所關注的實際問題（麵包、失業、和平、土地）沒有一個得到解決。」

顯然，這張照片充滿活力的形象化成為俄國革命的直觀體現（儘管它是在 7 月而不是 10 月拍攝的）。布拉的工作室已經被他們的父親卡爾・卡洛維奇傳給了維克托和他的兄弟亞歷山大，卡爾・卡洛維奇是世紀之交在聖彼得堡著名的攝影師，在革命前退休到愛沙尼亞。維克托拍攝了許多著名的革命時期的紀實照片，但在 1937 年，在史達林恐怖統治的高峰時期被捕，罪名是道德墮落和德國間諜活動。他於 1944 年在古拉格集中營逝世。亞歷山大在二十世紀三十年代初已經被捕，被定罪在史達林貝洛勒運河懲治集中營勞動五年，他在釋放後不久便死亡。

（右頁圖）**衝突的遇難者**：在俄曆 1917 年 7 月 3 日至 7 月 7 日發生的這場由反戰示威抗議演變為血腥暴亂的衝突中，有超過一千人喪生，史稱「七月流血事件」。美國攝影師唐納・湯普森於 1918 年在紐約出版的攝影集《浸血的俄羅斯》中這張照片圖註為：「一些在街頭戰鬥中遇害的人等待推車將他們帶到停屍房。有時，由於擁擠的人群，讓這些救護車去做他們的工作是不可能的。只能將死者收集並放置在相鄰房屋的支架上，可能獲得推車可以將其帶走。」

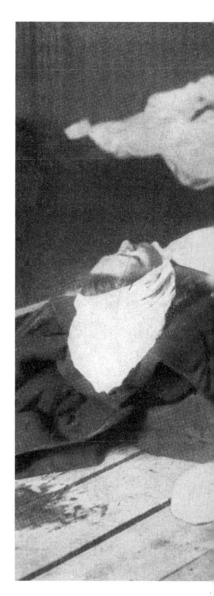

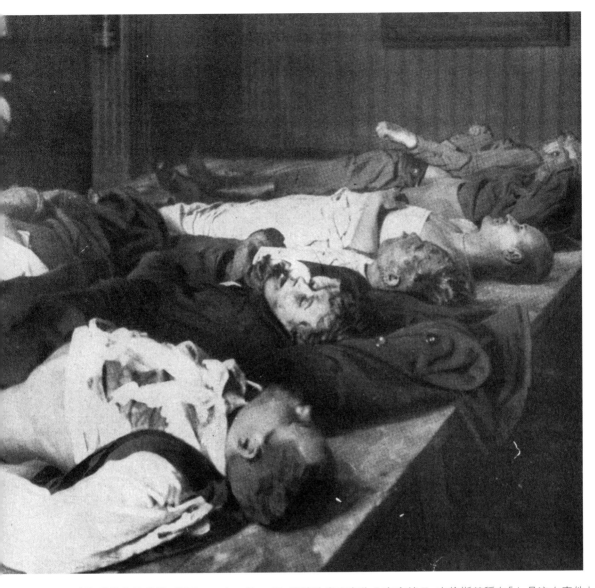

(後跨頁圖)**隆重的宗教葬禮**：俄曆1917年7月14日，臨時政府宣布為全市哀悼日。克倫斯基稱在「七月流血事件」中死亡的英雄應該「跟所有俄羅斯大公葬在同一處墓地」。在一隊哥薩克騎兵手持綁著黑色三角旗的長矛的護送下，將靈柩護送至聖以撒大教堂，停放在那兒一夜接受民眾的致敬。第二天，進行了繁複而又隆重的葬禮儀式，然後入土下葬。美國攝影師唐納 • 湯普森於1918年在紐約出版的攝影集《浸血的俄羅斯》中這張照片圖註為：「牧師們穿著東正教華麗的長袍，在葬禮遊行中前進。神職人員的頭腦，其中一些是非常老的男人，儘管東正教沉重的長袍造成的熱量令人窒息，還是向公墓遊行了幾英里。這些人是勇敢的，因為每個人都希望布爾什維克在這個葬禮遊行過程中抓住機會把他們的機關槍用在他們的敵人身上。」

　　隆重的葬禮沒有給臨時政府注入活力。俄國如同克倫斯基般被摘除了一個腎（克倫斯基的一個腎因疾病不得不在1916年摘除），時常感覺什麼都不對勁。身處彼得格勒的一些外籍人士對俄國每況愈下的政治情勢倍感失望，紛紛離開這個危機四伏的國度。攝影師湯普森和美國女記者弗洛倫斯 • 哈波接受圖文雜誌《萊斯利週刊》委派於1916年12月來到俄國做新聞報導。親歷了二月革命和「七月流血事件」的湯普森，看到彼得格勒民眾爭取和平、民主和自由的幻滅，他倍感沮喪，決定離開這個沒有給自己留下遺憾之地。他在給妻子的信中寫道：「我看到俄國一路走向地獄，從來不曾有一個國家到過的地獄。」

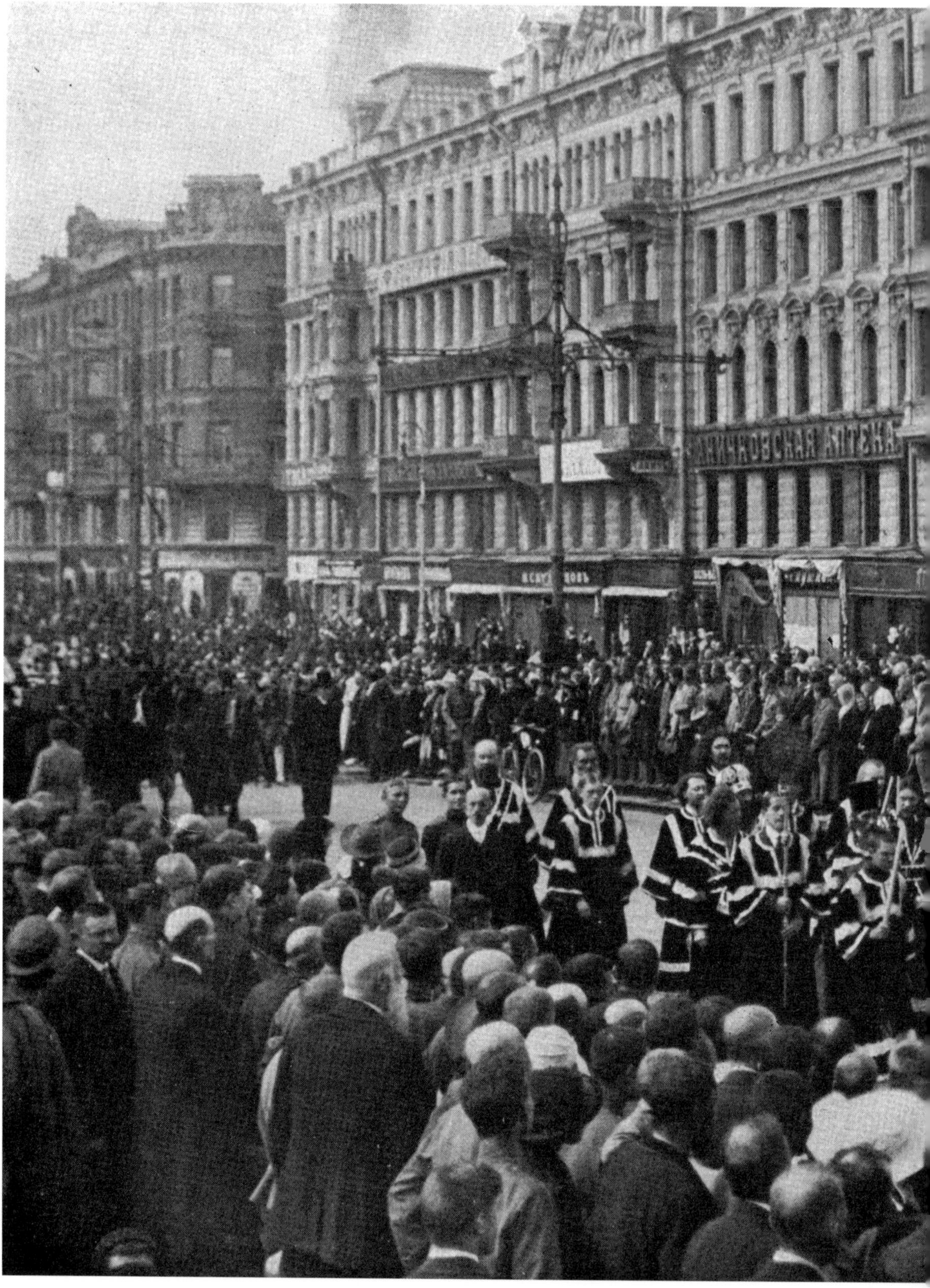

俄國的短命領路人：亞歷山大 ● 克倫斯基一身戎裝抵達莫斯科，舉行一場國家會議，「試圖消弭資產階級團體與社會主義團體對戰爭的歧見」，將兩者捏合在自己「領導的政府翼下」。但他努力的結果是雙方都不買他的賬。水與火是無法相融的。在這張照片中，註定了他對戰爭的堅持以及布爾什維克的一心一意。

克倫斯基於 1881 年出生在辛比爾斯克，父親是當地一所學校的教師兼校長，而母親則是出身貴族。他的父親也是列寧中學時期的學校老師和校長，克倫斯基與列寧一家人也成為朋友。他在為 1905 年被沙皇政府當局槍殺的罹難者以及許多反對派人物做辯護律師而知名。1917 年二月革命後擔任俄羅斯民主共和國短命的政府總理，在列寧的十月政變中被趕下臺，先後流亡巴黎和美國。蘇聯經常計劃殺死他，即使在五十年代末，他們不得不去偷他的一部分檔案。他在 1970 年死亡，享年八十九歲，卻意外成為 1917 年俄國革命主要人物中最後一位逝世者。

偽裝的列寧：西曆 1917 年 7 月 29 日，芬蘭灣車站，一名攝影師給列寧拍攝了這張戴著假髮、剃去鬍子偽裝成農場工人的富有魅力的照片。列寧正在躲避臨時政府秘密警察的追捕，需要護照照片進入芬蘭。他與職業革命家格里戈里 • 季諾維也夫藏匿在距離歐斯特羅茨克不遠的一個工人尼古拉 • 葉梅利揚諾夫的家：湖畔割草場的一個窩棚裡。（照片/Razliv Station）

共產主義神廟：這是讚美革命領袖列寧的繪畫作品：藏匿在工人葉梅利揚諾夫割草場窩棚的列寧在思索俄國未來的革命形勢。在 1927 年，這個簡陋的工人小屋改建成大理石聖地。然而，在革命中幫助列寧並不能保證長壽。葉梅利揚諾夫的整個家庭在 1935 年被捕，他的兩個兒子被槍殺，他在古拉格集中營度過了二十年。

俄羅斯劇作家愛德華・拉津斯基在著作《史達林》中寫道：「後來，科巴（即史達林的革命化名）把這座窩棚變成了共產主義宗教的一座神廟。不過，窩棚的另一位住戶季諾維也夫後來被史達林消滅，從這座光榮的窩棚裡消失得無影無蹤。在蘇聯畫家的數千幅作品中，列寧將孤身一人在棚子裡寫他的不朽著作，或是會見戰友科巴。但是，將要消失的不止是季諾維也夫一個人。可憐的葉梅利揚諾夫在 1917 年做夢也不會想到，這該死的窩棚會給他帶來什麼樣的厄運。葉梅利揚諾夫的兩個兒子將犧牲在 …… 史達林的集中營裡。葉梅利揚諾夫本人將被開除出黨，流放他鄉。不過，1947 年，在窩棚三十周年大慶前夕，史達林將作出決定，用大理石房子把窩棚罩起來，窩棚將常修常新。根據他的指令，人們將把一件活的展品 —— 葉梅利揚諾夫老頭兒放回窩棚，讓這個失去了孩子、雙目半瞎的老人向參觀者講述科巴和列寧的不朽友誼，講他們在 1917 年的會面，『當時，我兩個孩子中的一個多次用小船把史達林送到棚子裡』。」（藝術家 /Кукрыниксы）

平息叛亂：俄國臨時政府軍隊統帥拉甫爾．科爾尼洛夫將軍的部隊被繳械。「七月流血事件」的爆發給臨時政府帶來進一步的政治危機。俄曆1917年8月6日，一個由社會主義者為主的新聯合政府組成，在9月1日，臨時政府宣布國家為共和政體，克倫斯基擔任政府總理，史稱「俄羅斯共和國」。為數眾多的人認為，要想挽救政府，必須要由一個強人來掌權，而克倫斯基則是個優柔寡斷的軟蛋。此時，一個想做強人的軍人跳了出來：拉甫爾．科爾尼洛夫，一個出身於哥薩克家庭的右翼職業軍人，在之前的7月19日被克倫斯基任命為最高總司令。

科爾尼洛夫要求政府授予他近乎獨裁的權力，來重整軍紀並拯救俄國。他在俄曆1917年9月7日以「保衛首都」為藉口，調集驍勇善戰的克雷莫夫騎兵第三兵團向彼得格勒推進，同時要求克倫斯基政府全體成員下臺，將政權轉交最高總司令，還誓言要取締蘇維埃。危急中的克倫斯基向布爾什維克求援，釋放了之前被逮捕的那些布爾什維克領袖，並發給布爾什維克四萬支槍來防守彼得格勒。在布爾什維克的幫助下，叛軍在9月12日繳械投降，並納入布爾什維克陣營裡。與此同時，科爾尼洛夫將軍被下獄。

布爾什維克在這次軍事政變中得到民意廣泛同情及支援，使它更為壯大；而克倫斯基為爭取布爾什維克援助，更把列寧及托洛茨基等鼓吹暴力革命的犯罪分子釋放或撤銷控罪，同時還容許赤衛隊重新武裝。臨時政府對政變的處理手法引起朝野極大不滿，其管治威信在事件過後跌進谷底。不少俄軍將領對兵變保持觀望態度，暴露了他們對克倫斯基的不信任，使臨時政府與軍方的關係斷裂，在列寧奪取政權時軍方也拒絕幫助克倫斯基。這個事件是俄羅斯革命的轉捩點，因為它讓布爾什維克黨人捲土重來，最後奪權。

耍酷的革命者：在十月政變開始前的四十八小時，一個普蒂洛夫工廠赤衛隊為攝影師雅各夫・斯坦伯格擺出拍照姿勢。他們以1905年革命的英雄「施密特中尉」命名了他們的裝甲車，他們在攻佔冬宮中發揮了關鍵角色。在為數不多的十月政變期間的照片上，是清一色的士兵隊伍或赤衛隊隊員，人數稀少恰與二月革命的照片形成對照。二月革命時，馬路上人滿為患，示威群眾洶湧如潮。但這一次政變的主要軍事領導人托洛茨基本人回憶，只勉強有幾千名士兵和赤衛隊員直接參加了布爾什維克的強力行動，而市里則一片寧靜，人民對二月以來就司空見慣的革命已經厭倦。

轟炸部隊：慷慨激昂的蘇維埃軍事委員尼古拉 • 克里連科，敦促彼得格勒的裝甲車團士兵在奪取俄國政權中支持布爾什維克。在糧倉般的米哈伊洛夫斯基大廳裡，許多發言者主張和反對叛亂後，克里連科爬上了一輛卡車高喊說，「政府是在你的手中。偉大的俄羅斯屬於你。」當投票表決時，除了五十個人之外，所有的人都跑到了左邊，或者布爾什維克一邊。

（110/111 跨頁圖）**「開始建設社會主義」**：俄曆 1917 年 10 月 25 日（西曆 11 月 7 日）夜，在佔領冬宮的三小時之前，全俄蘇維埃第二次代表大會在斯莫爾尼宮開幕。到會的有六百七十三名代表，其中布爾什維克三百九十名，社會革命黨人一百六十名（其中大多數是左派社會革命黨人）、孟什維克七十二人，其餘屬於各個小黨派或無黨派。

在會議上，列寧發言的第一句話就是對前途的一個諾言。美國記者約翰 • 里德在著作《震撼世界的十天》中寫道：「現在，列寧站在前頭，雙手緊緊抓住講臺的邊緣，他細小的閃閃發光的眼睛掃射著人群，等候著經久不息的暴風雨般的掌聲 —— 這對他顯然是無所謂的 —— 停息下來。他終於可以開始說話了，他直截了當地說：『現在我們就開始建設社會主義制度。』」

大會首先通過了列寧起草的《告工人、士兵和農民書》，宣告臨時政府已被推翻，全部政權一律轉歸蘇維埃。大會還通過了列寧起草的《和平法令》和《土地法令》。孟什維克和社會革命黨在譴責了布爾什維克「背著蘇維埃搞軍事陰謀」之後便離開了會場。

大會選舉產生了代表大會的常務機構 —— 全俄中央執行委員會，由一百零一人組成，其中布爾什維克六十二名，左派社會革命黨人二十九名，社會民主工黨 —— 國際主義者六名，其他黨派四名。大會成立了第一屆蘇維埃政府 —— 人民委員會，列寧當選為人民委員會主席。由於左派革命黨人拒絕參加政府，因此這屆政府全由布爾什維克組成。

「Esschwindelt!」（「真快活！」）列寧在這個已等待了很多年的日子裡用德語對托洛茨基說道。他後來又表示：「在俄羅斯發動一場世界革命真是易如反掌。」

（112/113 跨頁圖）**佔領冬宮**：俄曆 1917 年 10 月 26 日（西曆 11 月 8 日）凌晨一點五十分，布爾什維克赤衛兵佔領冬宮。這是一位藝術家繪製的布爾什維克赤衛兵衝向冬宮的一幕場景。實際上，這場政變傷亡不到二十人，佔領冬宮整個過程沒遇到什麼抵抗就結束了。就如托洛茨基後來總結的那樣：「不管怎樣，革命的最終行動看上去有點太簡單、太枯燥、太公務化了，簡直沒法和這一歷史性事變的重大意義相稱。」而列寧則說奪取俄國政權「就像舉一根羽毛一樣」。（藝術家 /Н. Кочергина）

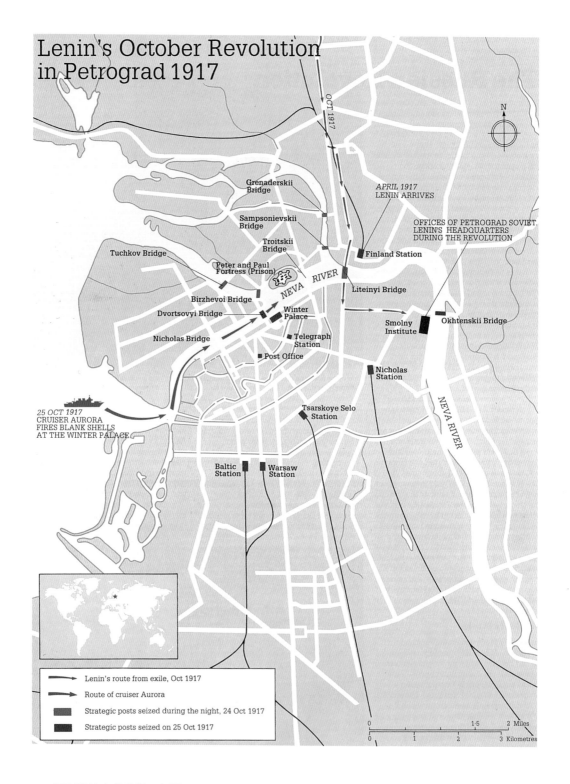

Lenin's October Revolution in Petrograd 1917

Grenaderskii Bridge

Sampsonievskii Bridge

Troitskii Bridge

Tuchkov Bridge

Peter and Paul Fortress (Prison)

Birzhevoi Bridge

Dvortsovyi Bridge

Winter Palace

Nicholas Bridge

Telegraph Station

Post Office

NEVA RIVER

APRIL 1917 LENIN ARRIVES

Finland Station

OFFICES OF PETROGRAD SOVIET. LENIN'S HEADQUARTERS DURING THE REVOLUTION

Liteinyi Bridge

Smolny Institute

Okhtenskii Bridge

Nicholas Station

Tsarskoye Selo Station

NEVA RIVER

25 OCT 1917 CRUISER AURORA FIRES BLANK SHELLS AT THE WINTER PALACE

Baltic Station

Warsaw Station

OCT 1917

N

Lenin's route from exile, Oct 1917

Route of cruiser Aurora

Strategic posts seized during the night, 24 Oct 1917

Strategic posts seized on 25 Oct 1917

0   1·5   2 Miles
0   1   2   3 Kilometres

1917 年列寧的十月政變示意圖。

（右頁圖）**逮捕臨時政府部長**：布爾什維克赤衛兵衝進冬宮，將俄國共和國臨時政府的一些內閣部長逮捕。（藝術家 / Ю. Рейнера）

搶劫：布爾什維克赤衛兵衝進了沙皇尼古拉二世的冬宮。豐富的革命戰利品使他們的眼睛都不夠用了。赤衛兵無禮地推開冬宮裡一些年輕的工作人員，他們試圖阻止這些人的搶掠。一位穿著制服的宮廷服務員憤慨地試圖讓他們保持秩序。赤衛兵手指令人嘆為觀止的藝術珍品和吊燈，盯著高度拋光的桌面，兩個男人從椅子上撕下豐富的皮革內飾。

在現場採訪的美國記者暨社會主義者阿爾伯特 • 威廉斯在著作《俄國革命透視》中寫道：「這些無產者，突然從寒冷和黑暗的地方來到溫暖和光亮的皇宮。他們從茅舍和營房來到了這些燈光燦爛的大廳和金碧輝煌的房子裡。這是一場真正的革命——建造者進入了他們自己建造的宮殿！這是多麼富麗堂皇的皇宮啊！到處擺著黃金和青銅的雕像，地下鋪著東方的地毯，牆上釘著葛伯廉花毯，掛著各種圖畫，宮裡的房間被無數的玻璃枝形吊燈照亮，地窖裡堆滿了名貴的陳酒——葡萄酒和蜜酒。這些神話中的財富就在手邊！為什麼不拿它們呢？這些誘人的東西，在饑餓和疲勞的人心中燃起了佔有的慾望。這慾望控制了這一群人。甚至我們這些旁觀者也受到它的衝動。一群人看見了這些珍貴的東西，向它們伸出了手。我們走進一間拱頂的屋子，那間屋子牆底下擺著一排排大箱子。士兵用槍托砸碎了箱蓋，於是帷幔、檯布、桌鐘、花瓶和盆子一起從箱子裡倒了出來。一群群的人，穿過豪華的大廳，衝進另一些陳設得更加富麗堂皇、擺列著許多抽屜和衣櫃的屋子。但是這裡的鏡子已經砸碎，櫃門已經搗毀，抽屜櫥裡的東西已經被搶空——到處可以看到破壞的遺跡：原來士官生到這裡來過了。已經丟了多少東西呀！這一來，大夥爭奪剩下來的東西時就更加激烈了。……在拱頂底下，只聽見無數的人吵吵鬧鬧。為了佔有這些擄獲物，他們由叫喊轉入爭執。……他們像一些孩子在和狂風搏鬥，像一些侏儒去向一大群巨人進攻。士兵們被勝利的思想衝昏了頭腦，被搶劫的慾望控制了一切……」

「誰會想到，俄國歷代沙皇在自己宮殿下面存放了不夠幾千年也夠幾百年喝的酒啊！……酒窖裡保存著成千上萬瓶和成百桶最上等精選的酒。有些酒瓶已放了幾百年，上面都長滿了青苔。大概還是在彼得大帝時期，這些酒瓶就放進了聖彼得堡地窖。鑽進酒窖的士兵們開始暢飲。很快，幾乎冬宮全體警衛人員都喝得醉醺醺的。」

——列寧的警衛隊隊長帕 · 馬利科夫

「整條街上盡是醉倒的士兵，其中一些人把雪地當自家床似的，躺在那裡呼呼大睡。」

——美國駐俄國大使大衛 · 弗蘭西斯的男僕菲爾 · 喬丹

「整個彼得格勒都喝醉了。」

——蘇聯首任國民教育人民委員會委員阿納托利 · 盧那察爾斯基

狂飲和強暴：布爾什維克赤衛兵享受冬宮酒窖裡的美酒。搶劫的規模如此之大，以致於布爾什維克領導人認為，最好的辦法是砸碎酒瓶，將窖藏多年的美酒倒進涅瓦河裡。但去執行砸碎酒瓶任務的赤衛兵也喝得酩酊大醉了。當局最後只能派武裝水兵和消防車入宮，用子彈和水龍頭逼迫赤衛兵從酒窖撤離，一些醉醺醺的赤衛兵為此溺死在酒窖裡了。

俄羅斯劇作家愛德華 · 拉津斯基在著作《史達林》中寫道：「槍炮響過後，開始向冬宮衝鋒。女兵營上士瑪麗亞 · 博恰爾尼科娃回憶道：『那天夜裡，布爾什維克戰勝了婦女。』……『女兵也被抓了起來，多虧了擲彈兵團，我們才沒有被強姦。把我們的武器收繳了……只有一個女兵被打死。但是，我們中的許多人在解除武裝回家後被弄死。喝得醉醺醺的大兵把我們抓去，強姦後從高樓扔到街上。』……天亮後，列寧說：『從地下狀態到執政，這個過渡太猛了點……讓人頭暈眼花。』」

（120 頁圖）**告公民書**：俄曆 1917 年 10 月 25 日（西曆 11 月 7 日），布爾什維克彼得格勒工兵代表蘇維埃軍事革命委員會發表的《告俄國公民書》。該公告書發表的日期標註是 1917 年 10 月 25 日上午 10 時：「臨時政府已被推翻。國家政權已轉到彼得格勒工兵代表蘇維埃的機關，即領導彼得格勒無產階級和衛成部隊的軍事革命委員會手中。立即提出民主的合約，廢除地主土地所有制，實行工人監督生產，成立蘇維埃政府，所有這一切人民為之奮鬥的事業都已有了保證。工人、士兵、農民的革命萬歲！」

（121 頁圖）**結束戰爭的許諾**：俄曆 1917 年 10 月 26 日（西曆 11 月 8 日），《消息報》製作的頭條新聞：列寧關於和平的法令（結束與德國的戰爭）。現在該報已經按照布爾什維克的路線進行編輯。

Отъ Военно-Революцiоннаго Комитета при Петроградскомъ Совѣтѣ Рабочихъ и Солдатскихъ Депутатовъ.

Къ Гражданамъ Россiи.

Временное Правительство низложено. Государственная власть перешла въ руки органа Петроградскаго Совѣта Рабочихъ и Солдатскихъ Депутатовъ Военно-Революцiоннаго Комитета, стоящаго во главѣ Петроградскаго пролетарiата и гарнизона.

Дѣло, за которое боролся народъ: немедленное предложенiе демократическаго мира, отмѣна помѣщичьей собственности на землю, рабочiй контроль надъ производствомъ, созданiе Совѣтскаго Правительства — это дѣло обезпечено.

ДА ЗДРАВСТВУЕТЪ РЕВОЛЮЦIЯ РАБОЧИХЪ, СОЛДАТЪ И КРЕСТЬЯНЪ!

Военно-Революцiонный Комитетъ при Петроградскомъ Совѣтѣ Рабочихъ и Солдатскихъ Депутатовъ.

25 октября 1917 г. 10 ч. утра.

ИЗВѢСТІЯ

№ 208.
Пятница,
27 октября 1917 г.

ЦѢНА:
въ Петроградѣ 15 коп.
на ст. жел. д. 18 коп.

Центральнаго Исполнительнаго Комитета
и петроградскаго совѣта
РАБОЧИХЪ и СОЛДАТСКИХЪ ДЕПУТАТОВЪ.

Адресъ конторы: Лиговка, Сайкинъ пер., д. № 6. Телефонъ № 218-41.
Адресъ редакціи: Смольный Институтъ, 2-й этажъ комната № 142. Телефонъ № 38-89.

Декретъ о мирѣ,

принятый единогласно на засѣданіи Все-
россійскаго Съѣзда Совѣтовъ Рабочихъ,
Солдатскихъ и Крестьянскихъ Депутатовъ
26 октября 1917 г.

Рабочее и крестьянское прави-
тельство, созданное революціей
24—25 октября и опирающееся на
Совѣты Рабочихъ, Солдатскихъ и
Крестьянскихъ Депутатовъ пред-
лагаетъ всѣмъ воюющимъ наро-
дамъ и ихъ правительствамъ на-
чать немедленно переговоры о
справедливомъ демократическомъ
мирѣ.

Справедливымъ или демократи-
ческимъ миромъ котораго жаждетъ
подавляющее большинство исто-
щенныхъ, измученныхъ и истер-
занныхъ войной рабочихъ и трудя-
щихся классовъ всѣхъ воюющихъ
странъ,—мира, котораго самымъ
опредѣленнымъ и настойчивымъ
образомъ требовали русскіе рабо-
чіе и крестьяне послѣ сверженія
царской монархіи,—такимъ миромъ
правительство считаетъ немедлен-
ный миръ безъ аннексій (т. е. безъ
захвата чужихъ земель, безъ на-
сильственнаго присоединенія чу-
жихъ народностей) и безъ контри-
буцій.

Такой миръ предлагаетъ Прави-
тельство Россіи заключить всѣмъ
воюющимъ народамъ немедленно,
выражая готовность сдѣлать безъ
малѣйшей оттяжки тотчасъ-же
рѣшительные шаги впредь до окон-
чательнаго утвержденія всѣхъ ус-
ловій такого мира полномочными
собраніями народныхъ представи-
телей всѣхъ странъ и всѣхъ націй.

Подъ аннексіей или захватомъ
чужихъ земель Правительство по-
нимаетъ сообразно правовому соз-
нанію демократіи вообще, и трудя-
щихся классовъ въ особенности,
всякое присоединеніе къ большому
или сильному государству малой
или слабой народности безъ точно,
ясно и добровольно выраженнаго
согласія и желанія этой народно-
сти, независимо отъ того, когда
это насильственное присоединеніе
совершено, независимо также отъ
того, насколько развитой или от-

сталой является насильственно при-
соединяемая или насильственно
удерживаемая въ границахъ дан-
наго государства нація. Независ-
имо, наконецъ, отъ того, въ
Европѣ или въ далекихъ зарокеан-
скихъ странахъ эта нація живетъ.

Если какая бы то ни была нація
удерживается въ границахъ даннаго
государства насиліемъ, если ей, во-
преки выраженному съ ея стороны
желанію—все равно, выражено ли
это желаніе въ печати, въ народ-
ныхъ собраніяхъ, въ рѣшеніяхъ
партій или въ возмущеніяхъ и возста-
ніяхъ противъ національнаго гнета
—не предоставляется права свобод-
нымъ голосованіемъ, при полномъ
выводѣ войскъ присоединяющей
или вообще болѣе сильной націи,
рѣшить безъ малѣйшаго принужде-
нія вопросъ о формахъ государ-
ственнаго существованія этой на-
ціи, то присоединеніе ея является
аннексіей, т. е. захватомъ и насилі-
емъ.

Продолжать эту войну изъ-за того,
какъ раздѣлить между сильными и
богатыми націями захваченныя
ими слабыя народности, Прави-
тельство считаетъ величайшимъ
преступленіемъ противъ человѣче-
ства и торжественно заявляетъ
свою рѣшимость немедленно под-
писать условія мира, прекращаю-
щаго эту войну на указанныхъ,
равно справедливыхъ для всѣхъ
безъ изъятія народностей услові-
яхъ.

Вмѣстѣ съ тѣмъ Правительство
заявляетъ, что оно отнюдь не счи-
таетъ вышеуказанныхъ условій
мира ультимативными, т. е. согла-
шается разсмотрѣть и всякія другія
условія мира, настаивая лишь на
возможно болѣе быстромъ предло-
женіи ихъ какой бы то ни было
воюющей страной и на полнѣйшей
ясности, на безусловномъ исключе-
ніи всякой двусмысленности и вся-

кой тайны при предложеніи условій
мира.

Тайную дипломатію Правитель-
ство отмѣняетъ, со своей стороны
выражая твердое намѣреніе вести
всѣ переговоры совершенно откры-
то передъ всѣмъ народомъ, присту-
пая немедленно къ полному опубли-
кованію тайныхъ договоровъ,
подтвержденныхъ или заключен-
ныхъ правительствомъ помѣщиковъ
и капиталистовъ съ февраля, по 25
октября 1917 года. Все содержаніе
этихъ тайныхъ договоровъ, по-
скольку оно направлено, какъ это
въ большинствѣ случаевъ бывало,
къ доставленію выгодъ и привиле-
гій русскимъ помѣщикамъ и капи-
талистамъ, къ удержанію или уве-
личенію аннексій великороссовъ,
Правительство объявляетъ бе-
зусловно и немедленно отмѣнен-
нымъ.

Обращаясь съ предложеніемъ къ
правительствамъ и народамъ всѣхъ
странъ начать немедленно открытые
переговоры о заключеніи мира,
Правительство выражаетъ съ своей
стороны готовность вести эти пе-
реговоры, какъ посредствомъ пись-
менныхъ сношеній, по телеграфу,
такъ и путемъ переговоровъ между
представителями разныхъ странъ
или на конференціи таковыхъ пред-
ставителей. Для облегченія такихъ
переговоровъ Правительство назна-
чаетъ своего полномочнаго пред-
ставителя въ нейтральныя страны.

Правительство предлагаетъ всѣмъ
правительствамъ и народамъ всѣхъ
воюющихъ странъ немедленно за-
ключить перемиріе, причемъ со
своей стороны считаетъ желатель-
нымъ, чтобы это перемиріе было
заключено не меньше, какъ на
три мѣсяца, т. е. на такой срокъ,
въ теченіе котораго вполнѣ воз-
можно, какъ завершеніе перегово-
ровъ о мирѣ съ участіемъ пред-

ставителей всѣхъ безъ изъятія на-
родностей, или націй, втянутыхъ
въ войну или вынужденныхъ къ
участію въ ней, такъ равно и со-
зывъ полномочныхъ собраній на-
родныхъ представителей всѣхъ
странъ для окончательнаго утвер-
жденія условій мира.

Обращаясь съ этимъ предложе-
ніемъ мира къ правительствамъ и
народамъ всѣхъ воюющихъ странъ,
временное рабочее и крестьянское
правительство Россіи обращается
также въ особенности къ сознатель-
нымъ рабочимъ трехъ самыхъ пе-
редовыхъ націй человѣчества и
самыхъ крупныхъ участвующихъ
въ настоящей войнѣ государствъ,
Англіи, Франціи и Германіи. Рабо-
чіе этихъ странъ оказали наиболь-
шія услуги дѣлу прогресса и соціа-
лизма и великіе образцы чарти-
стскаго движенія въ Англіи, рядъ
революцій, имѣвшихъ всемірно-
историческое значеніе, совершен-
ныхъ французскимъ пролетаріа-
томъ, наконецъ, въ геройской
борьбѣ противъ исключительнаго
закона въ Германіи и образцовой
для рабочихъ всего міра длитель-
ной, упорной дисциплинированной
работѣ созданія массовыхъ проле-
тарскихъ организацій Германіи. Всѣ
эти образцы пролетарскаго геро-
изма и историческаго творче-
ства служатъ намъ порукой за то,
что рабочіе названныхъ странъ
поймутъ лежащія на нихъ теперь
задачи освобожденія человѣчества
отъ ужасовъ войны и ея послѣд-
ствій, — ибо эти рабочіе всесто-
ронней рѣшительной и беззавѣтно
энергичной дѣятельностью своей
помогутъ намъ успѣшно довести
до конца дѣло мира и вмѣстѣ съ
тѣмъ дѣло освобожденія трудя-
щихся и эксплуатируемыхъ массъ
населенія отъ всякаго рабства и
всякой эксплоатаціи.

ДЕКРЕТЪ О ЗЕМЛѢ

Съѣзда Совѣтовъ Рабоч. и Солдат. Депутатовъ

(Принятъ на засѣданіе 26-го октября въ 2 часа ночи).

1) Помѣщичья собственность на землю отмѣняется немедленно безъ всякаго выку[па]

2) Помѣщичьи имѣнія, равно какъ всѣ земли удѣльныя, монастырскія, церковны[я] всѣмъ ихъ живымъ и мертвымъ инвентаремъ, усадебными постройками и всѣми принадл[еж]ностями переходятъ въ распоряженіе волостныхъ земельныхъ Комитетовъ и уѣздныхъ [Со]вѣтовъ Крестьянскихъ Депутатовъ впредь до Учредительнаго Собранія.

3) Какая бы то ни была порча конфискуемаго имущества, принадлежащаго отн[ынѣ] всему народу, объявляется тяжкимъ преступлен[і]емъ, карасмымъ революціоннымъ судо[мъ] Уѣздные Совѣты Крестьянскихъ Депутатовъ принимаютъ всѣ необходимыя мѣры для [со]блюденія строжайшаго порядка при конфискаціи помѣщичьихъ имѣній, для опредѣле[нія] того, до какого размѣра участки и какіе именно подлежатъ конфискаціи для составле[нія] точной описи всего конфискуемаго имущества и для строжайшей революціонной охра[ны] всего переходящаго къ народу хозяйства на землѣ со всѣми постройками, орудіями, [скотомъ?] томъ, запасами продуктовъ и проч.

4) Для руководства по осуществленію великихъ земельныхъ преобразованій впре[дь] до окончательнаго ихъ рѣшенія Учредительнымъ Собраніемъ долженъ повсюду слу[жить] слѣдующій крестьянскій наказъ, составленный на основаніи 242 мѣстныхъ крестья[н]скихъ наказовъ редакціей «Извѣстія Всероссійскаго Совѣта Крестьянскихъ Депутатов[ъ]» и опубликованный въ номерѣ 88 этихъ «Извѣстій» (Петроградъ, номеръ 88, 19 авгу[ста] 1917 г.).

О землѣ.

Вопросъ о землѣ можетъ быть разрѣшенъ только всена[ро]роднымъ Учредительнымъ Собраніемъ.

Самое справедливое разрѣшеніе земельнаго вопроса долж[но] быть таково:

1) Право частной собственности на землю отмѣняется навсегда; земля не може[тъ] быть ни продаваема, ни покупаема, ни сдаваема въ аренду либо въ залогъ, ни каки[мъ] либо другимъ способомъ отчуждаема. Вся земля: государственная, удѣльная, кабинетск[ая,] монастырская, церковная, поссесіонная, майоратная, частновладѣльческая, общественная [и] крестьянская и т. д. отчуждается безвозмездно, обращается во всенародное достояніе и [пе]реходитъ въ пользованіе всѣхъ трудящихся на ней.

За пострадавшими отъ имущественнаго переворота признается лишь право на об[ще]ственную поддержку на время, необходимое для приспособленія къ новымъ условіямъ с[уще]ществованія.

2) Всѣ нѣдра земли: руда, нефть, уголь, соль и т. д., а также лѣса и воды, имѣю[щіе] общегосударственное значеніе переходятъ въ исключительное пользованіе государст[ва.] Всѣ мелкіе рѣки, озера, лѣса и проч. переходятъ въ пользованіе общинъ, при условіи [за]вѣдыванія ими мѣстными органами самоуправленія.

「布爾什維克原是死刑的堅決反對者，卻建立了血腥的統治。……他們在開始執政時宣稱砸碎舊的國家官僚統治機器是自己的使命，卻以一個新的官僚統治機器取而代之。他們由於軍隊紀律的鬆懈而篡奪了政權……他們卻又建立了一支新的嚴守紀律的龐大的軍隊。他們原想鏟平階級差別，卻又製造新的階級差別……最初，他們無情的剝奪資本，今天卻又準備把半個俄國的礦藏拱手交給美國資本家，以換取他們的幫助……布爾什維克準備對官僚政治、軍國主義和資本主義作出一切可能的讓步，藉以維持自己的生存。可是在他們看來，對民主作讓步等於自殺……沒有民主，俄國就要毀滅。最後的結局是可以預見到的。」

——德國社會主義理論家卡爾・考茨基

（左頁圖）**土地法令**：俄曆 1917 年 10 月 26 日凌晨二點，蘇維埃工人代表大會發佈的海報：列寧關於土地的法令。這個歷史性的法令是一個非常受歡迎的行為，將所有土地所有權全部轉移到俄羅斯，從業主和教會轉移到農民土地委員會。

（後跨頁圖）**拯救人類**：俄曆 1918 年 1 月 25 日，全俄蘇維埃第三次代表大會在彼得格勒召開。在此前的 1 月 5 日，布爾什維克武力解散了制憲會議，開始了一黨專制統治。在這次會議上，列寧宣布俄國為工人、士兵和農民代表的蘇維埃共和國，中央和地方全部政權屬於蘇維埃。還稱會議的基本任務是「消滅人對人的任何剝削，完全消除社會的階級劃分，無情地鎮壓剝削者的反抗，建立社會主義的社會組織，使社會主義在一切國家獲得勝利」。大會同時通過了由列寧起草的《被剝削勞動人民權利宣言》，宣言中稱：不僅「要把人類從它們（金融資本和帝國主義）的魔掌中拯救出來」，還要「同資產階級文明世界的野蠻政策徹底決裂，這種政策把不多幾個特殊民族的剝削者的幸福建築在對亞洲和一切殖民地以及小國億萬勞動人民的奴役之上」。列寧在演講中稱：「我們的社會主義蘇維埃共和國將作為國際社會主義的火炬，作為各國勞動群眾的範例而穩固地屹立著。在那邊是衝突、戰爭、流血、千百萬人的犧牲、資本的剝削，在這邊是真正的和平政策和社會主義的蘇維埃共和國。」

簽署賣國條約：俄曆 1918 年 1 月 7 日，首席蘇維埃談判代表托洛茨基（中心）到達布列斯特－立托夫斯克。在簽署和約的談判中，較早時是親切的，但在會議的後期，德國人強化並開始將俄羅斯當作被擊敗的敵人。托洛茨基被迫於 1918 年 3 月簽署了《布列斯特－立托夫斯克條約》。這並不是列寧所承諾的「民主和平」。它將波羅的海和烏克蘭地區割給德國，剝奪了俄羅斯大部分的煤炭和鐵，並把巴圖姆油田交還土耳其。托洛茨基反對這一條約，妄圖在德國軍隊中挑起布爾什維主義叛亂；但是布爾什維克的「和平」宣傳瓦解了俄羅斯的前線部隊，列寧不得不簽署。八個月後，盟國的勝利使該條約無效。

掃除舊世界：1918 年 4 月 12 日，蘇維埃人民委員會理事會會議下令：拆除沙皇時期所有剩餘的古跡等文物。在莫斯科，一個雕塑頭顱被遺棄在街道上。這是尼古拉二世的父親沙皇亞歷山大三世的雕塑。再過數十年，以政變奪取俄國政權的布爾什維克將會重演這一幕：史達林和列寧的雕像頭顱也會被革命者遺棄在街道上。

（130 頁圖）**社會主義革命紀念碑**：為了灌輸社會主義革命理念，列寧要求在舊政權紀念碑的遺址上豎立俄羅斯社會主義革命紀念碑。1918 年 11 月 7 日，亞歷山大 ● 馬特韋耶夫的「卡爾 ● 馬克思紀念碑」在革命紀念一周年時亮相，石膏像站在彼得格勒布爾什維克總部斯莫爾尼宮前，有兩名赤衛兵保護。

（131 頁圖）**「革命旋風」**：1918 年 11 月 7 日，十月革命一周年紀念日。在莫斯科戲劇廣場，高級布爾什維克可以看到藝術家梅津采夫的馬克思的石膏雕塑的揭幕，這次是與恩格斯並肩站立，他們是無產階級的英雄人物。列寧發表了一篇關於「偉大的世界性歷史服務」的演講，通過科學的分析證明了資本主義垮臺的必然性及其向共產主義的過渡，在這種共產主義下人類將不再受到剝削。在雕塑底座上的銘文是：「革命旋風掃除所有抵抗它的人。」兩個雕塑遭受了俄羅斯的冬天，需要在幾年之內更換。布爾什維克需要數以萬計的無產階級的英雄人物將地球填滿。這是進入共產主義社會的必要景觀。

К·МАРКС Ф·ЭНГЕЛЬС·
РЕВОЛЮЦИЯ·ВИХРЬ ОТБРАСЫВАЮЩИЙ НАЗАД
ВСЕХ ЕМУ СОПРОТИВЛЯЮЩИХСЯ

赤色宗教心臟：克里姆林宮是一座13世紀晚期最初由木材豎立的牆圍成的建築物 後來改為石頭和磚塊 以抵擋韃靼人、立陶宛人、波蘭人和瑞典人的入侵。在最左邊的牆壁內是天使報喜大教堂，被韃靼人在1382年燒毀，並在1490年重建。方形聳立結構是菲律賓塔。右邊的高塔是博諾，最高的塔是伊凡三世，建於1600年，它被拿破崙的部隊炮擊，現在被稱為「微醉的伊凡」。在克里姆林宮入口處，救星塔塔樓上的裝飾物原來是沙皇鷹，在布爾什維克於1918年3月將政府遷入後被以五角紅星替代。克里姆林宮成為蘇維埃政權進行奴役本國人民和推進世界革命的赤色宗教心臟。

列寧的「國有化女人」

列寧認為共產主義已在窗外向他拋媚眼了。

為了打造新型的美好社會，俄國各地紛紛成立社會主義公社，人人為社員，全力打造共產主義事業。1917 年年末，在將土地、銀行和企業國有化之後，布爾什維克開始試點，要將女人收歸國有，即「國有化女人」或「社會主義化女人」。一些地方頒布了「取締女性私人化」和解放女人的法令，並公開發表。這些法令一經推出，即召來民眾的憤怒和怨恨。1918 年 3 月，葉卡捷琳堡布爾什維克公布法令，並在大街上張貼：「十六歲至二十五歲的婦女必須接受國有化。」法令稱，國有化女人是社會主義革命的「需要」。在實際操作中，「被任意挑選看中的姑娘」一律「不得違抗」。

沒有史料證明有多少女性遭到了「國有化」的性攻擊。

當「國有化女人」的政策遭到民眾抵制以及被國際媒體曝光後，布爾什維克中央對此保持了沉默。但在官方公開出版的列寧與全俄肅反委員會的資料彙編中，有一條提及國有化女人的消息：署名為庫梅斯尼科夫、尼伊曼諾夫和拉西莫娃的三人在致列寧的投訴電報中稱，辛比爾斯克省庫爾梅什縣欽別列夫鄉密加納村貧農委員會任意擺佈青年婦女的命運，「將她們送給自己的朋友，既不徵求父母的同意，也不管健全理智的要求」。列寧在 1919 年 2 月 10 日指令辛比爾斯克省執行委員會和省肅反委員會對「搞婦女國有化」之事嚴格調查。後者在 3 月 10 日報告列寧稱：「密加納村貧農委員會未對婦女進行任何國有化」，投訴電報「所稱事實純係捏造」。

後來，當英國作家戈爾別爾特 • 韋爾斯造訪列寧時，問及是否存在「國有化女人」的問題，列寧稱，中央政府從未發布過類似的法令。列寧所言或許是實話，中央政府可能真的沒有發布過。但他的言外之意似乎承認了地方當局曾經發布過。以下內容是弗拉基米爾市和薩拉托夫省人民委員會在 1918 年發布的兩部法令。

《關於廢除婦女私人所有權的法令》

薩拉托夫省人民委員會，1918 年 1 月 1 日

　　直到最近，法定婚姻無疑是社會不平等的產物，它必須被蘇維埃共和國摧毀。到目前為止，法定婚姻在資產階級反對無產階級的鬥爭中已經成為重要的武器，由於他們一心一意，美麗的性行為的最好例子就是帝國主義資產階級的財產，這樣的財產不得不違反人類的正確延續。因此，薩拉托夫政治委員會經省工人、士兵和農民委員會執行委員會的批准：

1. 從 1918 年 1 月 1 日起，十七歲至三十歲的婦女的私人權利永久性被廢除。

（註：女人的年齡由公制報表和護照決定，而在沒有這些資料的情況下，需要轄區委員會出具書面證明。）

2. 這項法令的執行不適用於有五名或以上子女的已婚婦女。

3. 對於前業主（丈夫），保留無限使用妻子的權利。

（註：如果前丈夫在實踐中反對這項法令，他就被剝奪了向他提供的這一條款的權利。）

4. 根據本法令的所有婦女都從私人財產中撤回，被宣佈為整個工人階級的永久性財產。

5. 異議婦女的所有權歸省、縣、鄉、村蘇維埃管理和分配。

6. 男性公民有權按照下列條件，每星期不得超過三次，每次不得超過三小時。

7. 每個工作集體成員有義務從公共教育基金的收入中扣除百分之二。

8. 凡希望使用國家財產的人均必須向工人委員會或工會提供關於他屬於工人階級的證明。

9. 不屬於工人階級的男子根據第七款規定，每月捐款一千盧布資金，享有使用異議婦女的權利。

10. 所有以現在的法令宣佈為國家財產的婦女，每月從人民群眾基金中獲得二百八十盧布的救濟。

11. 懷孕的婦女直接免除職責四個月（出生前三個月和出生後一個月）。

12. 出生一個月後的嬰兒，被送到收容所「人民保育團」的庇護所，在那裡被撫養到十七歲。

13. 誕生雙胞胎，父母獲得二百盧布的獎勵。

14. 性病傳播的肇事者，將被繩之以法送上革命法庭。

《解放婦女法令》

弗拉基米爾市人民委員會，1918年1月1日

1.1918年3月1日，在弗拉基米爾市，擁有婦女的私有權利已被廢除。所有婦女被宣布獨立自由。每個十八歲以下的女孩都保證她的完整性不可侵犯。「警察委員會」和「自由愛情局」

2.任何侮辱婦女的惡語或試圖強姦她的人，將被以戰時的嚴重程度送上革命法庭受到懲處。

3.強姦未滿十八歲女孩的人，將被視為國家的罪犯，將被以戰時的嚴重程度送上革命法庭受到懲處。

4.任何年滿十八歲的女孩都被宣佈為共和國的財產。她必須在「警察委員會」和「自由愛情局」註冊，並有權在十九歲至五十歲的臨時室友之間選擇自己的男子。

（註：不需要男人的同意。選擇放棄的人沒有權利抗議。同樣，這項權利也被授予男子選擇年滿十八歲的女孩。）

5.選擇臨時合作夥伴的權利每月被授予一次。同時，「自由愛情局」享有自主權。

6.所有從這些工會出生的孩子，被宣布為共和國的財產，由母親轉交給蘇維埃托兒所，並在五年後轉移到兒童「公社」。在這些機構中，所有孩子的撫養和教育費用都是公共支付的。

（註：因此，擺脫家庭偏見的所有兒童都得到良好的教育和培養。其中，「世界革命」新一代健康的戰士將會長大。）

「解放的婦女正在建設社會主義」：海報於 1926 年在哈爾科夫印發。一個政治化的女工的英雄形象，她肩負著平等的權利，在一個新的社會的中心，堅決支持工廠增加生產。（藝術家 /Adolf Strakhov-Braslavsky）

共產主義的巴別塔——蘇維埃宮殿之一：1935 年至 1937 年，由尤馮（Yofon）和舒舍夫（Shchusev）設計的蘇維埃宮殿圖像。

　　列寧於建設共產主義的總體規劃中，在建築領域中也要充分體現：1918 年 5 月，根據列寧的命令，布爾什維克政權成立了國家建設委員會，負責未來蘇維埃國家的城市建設規劃。當遷都莫斯科後，立即在莫斯科蘇維埃內成立了重新規劃莫斯科市中心和市郊的建築規劃局，對未來莫斯科的「藝術形象」進行構思；關於修建蘇維埃宮殿的計劃，從 1922 年 12 月 30 日第一屆黨代會成立蘇維埃社會主義共和國聯盟的當日即正式提上議事日程，但由於內戰和赤色恐怖造成的萬般凋零，此事只能暫時擱置；在史達林推行農業集體化運動欲以饑餓來滅絕掉七百萬至一千萬烏克蘭人之際，他要向代表西方自由世界的死敵 —— 美國示威，當然也包括英國、法國、德國和義大利等國家。蘇共中央作出《關於莫斯科城市經濟和蘇聯城市經濟發展》的決議，其中明確提出要把莫斯科的建設當成蘇聯社會主義體制下城市建設的樣板和實驗室來抓，目的就是要把莫斯科改造成為未來共產主義社會理想的超級範式。決議要求「必須用大膽的超高層建築結構來克服在許多設計中最常見的低層結構的傾向」。於是將修建蘇維埃宮殿的專案提上日程。

　　行政當局在 1931 年至 1933 年組織「蘇聯」設計項目向全球公開競賽，四十多個國家近百位設計師提交了上百份作品。史達林選定了蘇聯設計師尤馮和舒舍夫設計的作品。後來又經過四次修改，最終成為蘇聯政府批准建造的最終版本。主管文學、教育、哲學和意識形態的官員盧那察爾斯基評論這個入選的設計方案時說：「…… 在一定程度上，這是巴別塔式的塔樓，就像我們談起它們的那樣：它是多層的梯形塔 …… 得到的是宏偉的、然而是輕型的高聳雲天的建築 ……」

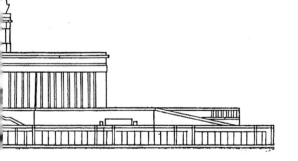

共產主義的巴別塔——蘇維埃宮殿之二：尤馮和舒舍夫設計的蘇維埃宮殿設想圖，完全突顯出了史達林想要「淨化」共產主義下的現代新俄羅斯，向全世界展示「偉大導師力量」、「社會主義思想的勝利和世界上第一個工農國家的強大力量」，以及作為世界社會主義革命赤色首都的觀念。

　　蘇維埃宮殿是史達林偏愛的古典主義風格和二十世紀流行的美國摩天大樓風格的綜合產物。宮殿被設計為集辦公、會議、博物館等功能於一體的建築，總體積為七萬五千立方米。內部結構為下沉式。在最底部是一個能夠容納七萬人的主會場，後方是副會場，上層和會場周邊的空間則是代替克里姆林宮的功能作為蘇聯最高權力機構的辦公場所。位於頂部的列寧雕像高達一百米，由全花崗岩製成。建造委員會對宮殿高度和重量進行了精確計算：宮殿高度，加上頂部的列寧雕像，共四百九十五米（約一百五十層樓高）；宮殿重量一百五十萬噸；列寧雕像重六千噸，其食指長達六米，足長十四米，肩寬三十二米。

　　這座計劃中的建築不僅超過克里姆林宮，還超過世界上當時的所有建築：比埃及胡夫金字塔高二百七十八米，比德國科隆教堂高二百五十五米，比羅馬聖彼得教堂高二百七十二米，比巴黎埃菲爾鐵塔高九十五米，比紐約帝國大廈高八米，比美國自由女神像高四百零二米。

　　史達林要打造的是這顆行星上第一座共產主義蘇維埃宮殿。意識形態需要外化為具體的實物。蘇維埃宮殿被蘇聯政府宣佈為列寧紀念碑。但是，這座巨無霸將要建在莫斯科何處呢？

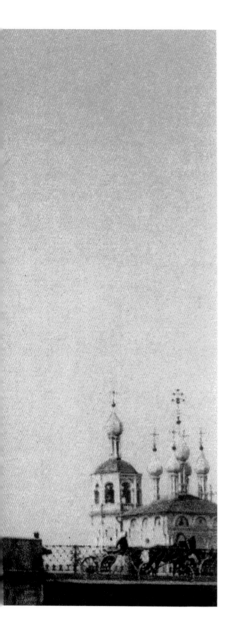

共產主義的巴別塔——蘇維埃宮殿之三：這是 1900 年左右的救世主大教堂，位於克里姆林宮西邊，矗立在莫斯科河河畔，是俄國乃至世界上最高的東正教大教堂，總高一百零八米，能容納近一萬人進行敬拜活動。這座教堂是沙皇亞歷山大一世在 1812 年打敗拿破崙後，為感謝救世主基督解救了他的帝國而建立的禮拜堂。三任沙皇（另兩位沙皇為尼古拉一世和亞歷山大二世）歷時四十四年才最終建成。史達林的蘇維埃宮殿要建在這個大教堂上。存世四十八年的大教堂必須為未來的共產主義宮殿獻身。

對史達林來說，這將是個打上他的個人烙印、篤定流傳千古的工程：地球上最高的建築、地球上最大的單體建築、地球上最高的雕像，建在地球上最高的東正教大教堂上，而創建地球上第一個社會主義國家的先驅、世界社會主義革命的領袖、即將建立世界蘇維埃共和國的赤神列寧雕像則站在蘇維埃宮殿之上，指揮著這顆行星上的新人類向共產主義最美好的理想社會大步前進。蘇維埃宮殿永垂不朽，史達林即永垂不朽。恰如波蘭記者瑞斯札德●卡普欽斯基在著作《帝國》中所寫：「在俄羅斯最高當局為了保有穩定、持久和力量的本質裡，沙皇擁有是人也是神的雙重特性，這權威既然是上天所賦予的，當然就是全能的，沙皇是信差，也是全能之神的神聖化。尤有甚者，他是祂的人格化，是祂世俗的倒影，只有維持（並以某種方式證明）結合人神特性權威的人才能夠領導這裡，可以領導人民，並且倚賴他們的服從和奉獻，於是俄羅斯史上出現了冒牌沙皇、錯誤的預言家、煩惱及狂熱的聖人的現象，這些人自稱有統治靈魂的力量，聲稱被上帝之手碰觸過，在這情況下，上帝之手成了唯一合法的力量。布爾什維克黨試圖嵌進這項傳統中，證實它已經能夠賦予生命的泉源。布爾什維克黨當然是另一個偽裝者，不過是一個手法更進一步的偽裝者：不只是上帝的俗世倒影，根本就是上帝本身，要達到這個地位，要把一個人變成新的上帝，就必須先破壞掉前一個上帝的居所（破壞或者剝奪掉它們的神聖性，把它們化為燃料垃圾或者家具倉庫），並在它的基礎上蓋起新的禮拜堂，新的禮敬和崇拜的物件：黨機構、蘇維埃宮殿、委員會。在這個轉化中，或者更確切地說，在這場革命中，一個人完成了一個簡單但基本的象徵交換，在此地（一間教堂矗立在這裡）你宣誓效忠於（天堂）全能的神，現在你（黨機構矗立在這裡）會對（地上）全能的神效忠。」

於是，蘇維埃宮殿還在進行公開設計競賽中，史達林已下令於 1931 年 12 月 5 日炸毀了大教堂。蘇維埃宮殿在 1937 年開工建設，預計建築成本高達四十億盧布，相當於 1940 年蘇聯國家預算收入（180 億盧布）的四分之一。由於開挖的地基出現滲水問題，工程被迫暫停（在 1939 年解決了地基滲水問題）。除了地基問題之外，還有其它一系列問題：宮殿與周圍環境之間不和諧；建築物的高度與底座宮殿的內部空間存在著非常嚴重的矛盾和不足；宮殿裝飾豪華的客房不方便使用；在巨大的金字塔體積的層次上放置房屋將阻礙其裝載、通訊和疏散。與此同時，巨大的建築物的數量將在建設期間造成不合理的勞動和物質成本。根據莫斯科建設的經驗，高層建築的運作每年以數百萬盧布為單位。還有高速電梯（由 130 台自動扶梯和 160 台電梯提供服務）、抽水裝置、供水數百米、加熱費、維修費等問題；建成後的宮殿，它的巨大規模會抑制靠近觀看者的視線。

當 1941 年蘇德戰爭爆發時，宮殿已完成了地面層的結構施工。戰爭阻止了蘇維埃宮殿的建造。所有裝配的鋼結構都融化成了反坦克刺蝟，尚未完成的建築完全拆除了。蘇聯的存在要比蘇維埃宮殿重要。

這座社會主義新時代的大教堂——蘇維埃宮殿，既是另外一個蘇聯帝國的象徵，也是人類制度實驗中改造建築領域的最佳標本。

（右頁圖）**共產主義的巴別塔 —— 蘇維埃宮殿之四**：這是 1947 年為慶祝十月革命三十周年繪製的海報，海報包含了俄國革命的主要象徵：列寧的一尊令人印象深刻的雕像，在蘇維埃宮殿的頂端；當史達林的旗幟飛過頭頂，其中一個克里姆林宮塔站在右邊；阿芙樂爾號巡洋艦燈光從下面照亮現場。底部文字為：「紀念偉大的十月社會主義革命 XXX 周年快樂！」

　　在二戰結束後，蘇維埃宮殿的建造在這個十月革命三十周年慶祝之前即提上日程。與此同時，史達林還另外規劃了八座摩天大樓像眾星拱月般圍繞著蘇維埃宮殿。當史達林於 1953 年撒手歸西時，八座建築中只完成了七座，而建造蘇維埃宮殿的那塊空地只是一個垃圾場。這等於說，直到年老的暴君史達林中風死去，也沒能看上一眼他的蘇維埃宮殿。（藝術家 /Medvedev V.）

ДА ЗДРАВСТВУЕТ ХХХ ГОДОВЩИНА ВЕЛИКОЙ
ОКТЯБРЬСКОЙ СОЦИАЛИСТИЧЕСКОЙ РЕВОЛЮЦИИ!

共產主義的巴別塔——蘇維埃宮殿之五：原救世主大教堂遺址所在的垃圾場，像一個巨大的傷疤一樣刺痛著莫斯科人。「直到史達林死後的 1958 年，尼基塔 • 赫魯雪夫才命令沼澤地基 —— 那是醉鬼和妓女聚集的地方 —— 變成世界上最大的室外溫水游泳池之一。」美國《紐約時報》報導稱。這個直徑一百三十米、深六米的游泳池，成為莫斯科普通大眾的天堂。據稱仍有一些莫斯科年老的婦人會常常駐足游泳池邊，向著消失許久的神像祈禱。

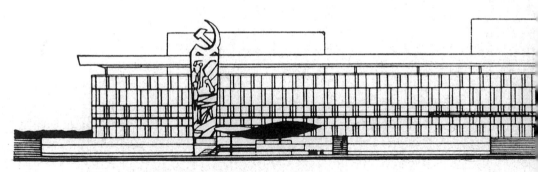

共產主義的巴別塔——蘇維埃宮殿之六：興建蘇維埃宮殿之夢仍未破滅。蘇共建築大會於 1954 年對蘇維埃宮殿的便利、技術、經濟和標準設計等問題進行評估，赫魯雪夫認為「建築結構調整尚未完成」，要「從根本上改變建築的方向」。於是，行政當局在 1957 年至 1959 年對蘇維埃宮殿又進行公開設計競賽，要求設計應「本著高尚的簡約精神」，既要「體現當代社會主義現實的能力」，也要「預見未來」。這個方案與尤馮和舒舍夫設計的蘇維埃宮殿有很大不同：建築物的體積必須達到五十萬立方米。在確定房間大小時，建築師應從其實際能力出發，考慮到其運作方便性和合理性的要求。眾多設計師提交了上百個作品，這些設計方案全部由蘇維埃宮殿原來的超高層建築結構改為現在的低層結構的建築物，就像上部兩個參加競賽的作品展示的這種低矮又狹長的主立面圖像一樣。儘管已將蘇維埃宮殿的標准降了又降，但始終沒能確定新的建設場地。這些設計方案只存在於圖紙上。

　　蘇聯帝國在 1991 年解體後，俄羅斯在原址復原重建了救世主大教堂，與克里姆林宮遙遙相望。頗具諷刺意味的是，這座大教堂成為世界遺產中第一個複製而成的紀念性東正教大教堂。

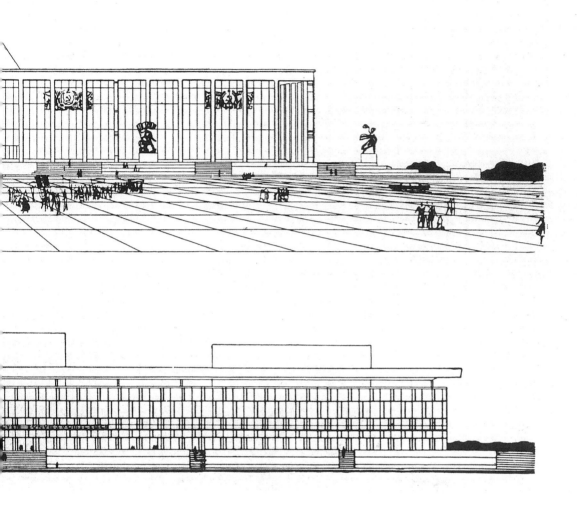

特別委託：為鞏固蘇維埃政權，1917 年 12 月 7 日，列寧將蘇維埃人民委員會組建契卡的決議交給 F. E. 捷爾任斯基，這是 1950 年代社會主義現實主義的典型繪畫。在這個決定性時刻，是否出現史達林（左三）膨脹的身影是可疑的。因為列寧的新秘密警察是秘密出生的，1958 年才受到公開承認。最初，捷爾任斯基的秘密警察中塞滿了非俄羅斯人，尤其是拉脫維亞人包括在內，他們被認為是紀律嚴明的，難於取悅的。坐著的人物是布爾什維克全俄中央執行委員會第一任主席雅科夫·斯維爾德洛夫，他於 1919 年 3 月在莫斯科死於肺炎。

　　俄國史學者理查 ● 派普斯在著作《共產主義實錄》中評述道：「在布爾什維克的領導人中，沒有一個人有過一點行政經驗，然而他們馬上就要負起重任，去治理這個世界上最遼闊的國家了。他們沒有理財的經驗，卻毫不猶豫地立即把經濟企業收歸國有，負起責任來管理這個位列世界第五的經濟大國的經濟。…… 這個新政權別無其他選擇，只能實行專政 —— 不是無產階級專政，而是對無產階級以及一切其他階級實行專政。這種專政，到時候又會變成極權主義的政體，這是由布爾什維克政權的本質所決定的，必然如此。只要共產黨人要保住他們的政權，他們就不得不依靠暴力實行專橫的統治。…… 除了能掌握政權以外，布爾什維克黨人在其他各方面的種種努力幾乎全都失敗了，生活實際與共產主義理論大不一樣。然而，布爾什維克黨人卻不承認錯誤：每當事情並不像預期的那樣展現出來，他們不是妥協，而是加強用暴力進行鎮壓。因為，他們認為他們的那一套理論是合乎科學的，完全正確，如果承認錯誤，那就會動搖其政權之所賴以建立的整個理論基礎。」（藝術家 /N.Tolkunov）

恐怖示威：1920 年五一國際勞動節，一群契卡在頓河畔羅斯托夫進行遊行。橫幅上的文字為：「在反對經濟破壞的鬥爭中，我們知道，工人不能猶豫。」

（右頁圖）恐怖之父：在 1917 年 12 月 20 日，捷爾任斯基創立了全俄肅清反革命及怠工非常委員會，通稱契卡。他對此工作極為著迷，戰友們送他一個綽號叫做「鋼鐵般的費利克斯」，而仇恨他的人則稱他為「身穿騎兵大衣的山羊鬍子劊子手」。他最出名的一句話是「我們本身就代表有組織的恐怖主義」。

　　契卡的標誌是身著皮外衣。他們的行動和手段不受司法機關約束，可以隨意槍決。捷爾任斯基稱：「對契卡來說，有槍決犯人的權力是無比重要的。」史學研究者稱，契卡存在的 1918 年至 1922 年整個時期，契卡處死的人數在二十五萬至五十萬人之間。契卡於 1922 年被改組成國家政治保衛局（即格別烏），1934 年 7月改名為國家安全總局，後又在 1954 年更名為國家安全委員會（即克格勃）。

「一道鐵幕在哐啷哐啷、嘎吱嘎吱聲中漸漸放下，蓋住俄羅斯歷史。」

——瓦西利·羅札諾夫《當代啟示錄》

劍和盾：契卡的徽章是劍和盾。「我們毫無禁忌，因為我們在世界上首先舉起了劍，為了解放全人類！」俄羅斯劇作家愛德華・拉津斯基在著作《史達林》中寫道。「布爾什維克契卡血腥的地下室，...... 用帶刺鐵絲捆人、挖眼珠、做人皮手套、把活人插到尖樁上。...... 還搞了人質制。...... 到處都張貼著要槍決的人的名單。典型的布告是：『稍有反革命行動，這些人將立即被槍決。』隨後就是幾十名人質的姓名。抓丈夫當人質已成慣例，等著不幸的妻子用肉體來贖丈夫的命。契卡人員請被捕軍官的妻子與自己同飲同樂。...... 嘗到了滋味的契卡人員要求深化恐怖活動。《契卡週報》寫道：『許多城市已經大規模地槍斃人質。這是對的。在這種問題上，半途而廢最要不得，只會使敵人更兇殘，削弱不了他們的力量。』」

快樂時光：在 1903 年 2 月，沙皇尼古拉二世和皇后亞歷山大德拉穿著盛裝參加冬宮的舞會。舞會的主旋律是十七世紀。他穿著一個金錦緞長衫。她穿著一件飾有銀飾的錦緞連衣裙。

*（左頁圖）***終結羅曼諾夫王朝**：1917 年 3 月 8 日，退位後的尼古拉二世及家人被布爾什維克逮捕並軟禁於皇村。後來又被轉移到葉卡捷琳堡。1918 年 7 月 17 日凌晨，尼古拉二世家族與他們的僕人近十人，被監管的契卡趕到地下室，遭到集體處決：尼古拉二世五十歲，亞歷山大德拉四十六歲，兒子阿列克謝十四歲，大女兒奧爾加二十三歲，二女兒塔蒂婭娜二十一歲，三女兒瑪利婭十九歲，小女兒阿納斯塔西婭十七歲。尼古拉二世一脈沒有倖存下來的人，這標誌著羅曼諾夫王朝的終結。布爾什維克實現了它所謂的「從地球上抹去血腥的沙皇的王位」的誓言。

負責監管沙皇家族的布爾什維克衛隊長雅各夫 • 尤羅夫斯基，將沙皇與他的妻子、孩子、醫生，以及三名僕人和兩隻狗趕到了一個地下室。尤羅夫斯基（左，戴毛皮帽者）拔出手槍射擊沙皇（中心）的頭。在這裡，垂死的沙皇抱著他的兒子阿列克謝。在右邊，坐在醫生面前的，是皇后。在波特金博士後面（左至右）是大公爵夫人、阿納斯塔西婭、塔蒂亞娜、瑪麗亞、奧爾加。在左後方是僕人和廚師。

1918 年 7 月 18 日，在克里姆林宮，由列寧主持人民委員會定期會議，共計三十三人參會。列寧請中央執行委員會主席斯維爾德洛夫發表特別聲明，即 7 月 17 日在葉卡捷琳堡槍決尼古拉·羅曼諾夫一家人的簡要情況報告。斯維爾德洛夫說，「全俄中央執行委員會以其主席團的名義承認」槍決的「決議是正確的」。列寧問大家是否有「任何問題」。現場能聽到的聲音是：「批准。支持。同意。」沒有人有任何問題。沙皇的命運已經被合法解決了。蘇聯哲學家德 • 沃爾科戈諾夫在著作《列寧》中寫道：「在這個議題決定之後，列寧立即逐條閱讀了人民衛生委員會法令草案，『我們必須快點，議程上有二十多個項目 ……』他們繼續處理日常事務，……好像沒有發生什麼事。」

法外槍決是有理由的。1918 年 7 月 19 日，《消息報》公佈處決末代沙皇的消息：「近日赤色烏拉爾首都葉卡捷琳堡受到日益逼近的捷克匪幫的威脅，同時截獲反革命分子妄圖從蘇維埃政權手中劫持沙皇劊子手的機密情報，因而烏拉爾州蘇維埃主席團決定處決尼古拉 • 羅曼諾夫 …… 近日曾準備把前沙皇送交法院，公審他反人民的罪行，但意外的事件使公審無法實現。」

執行處決的劊子手：負責槍決沙皇家族的雅各夫 • 尤羅夫斯基正在享受著一杯茶。他於 1905 年加入布爾什維克，十月政變後加入契卡，成為監管沙皇家庭的衛隊長。尤羅夫斯基一生中對於他暗殺沙皇家庭的角色感到驕傲：他們扒下女性死者的內衣，成功地抓到了縫在內衣中的重約八公斤的珠寶首飾。後來列寧會見了他，告訴他，槍決沙皇一家人的事「很好」，他「做了正確的事」。

尤羅夫斯基稱，槍決沙皇一家人的決議是由烏拉爾州蘇維埃通過，軍事委員戈洛謝金下達處決命令。尤羅夫斯基把執行處決任務的十二名拉脱維亞士兵召集到一起，給每個士兵分配任務，誰向誰開槍。尤羅夫斯基發給每個士兵一把手槍。他分配任務的時候，拉脱維亞士請求取消他們向四位公主開槍的命令，他們對年輕的姑娘下不了手。尤羅夫斯基把這些在關鍵時刻不能履行革命義務的人換掉。房間裡只有一盞燈，光線昏暗。囚禁的人到齊了，執行命令的人走了進來。尤羅夫斯基對尼古拉二世説：「你們在歐洲的親戚準備進攻蘇維埃俄羅斯，烏拉爾蘇維埃執行委員會決定槍決你們！」尼古拉二世回頭看了看家人，驚恐地問道：「什麼，什麼？」房間裡發生一陣騷亂，聽見哭泣聲，接著下達了開槍的命令。十幾把槍一齊射擊，射擊了幾分鐘。房間太小，子彈從牆上彈回來。幾個射擊的人退到房間外面射擊。

尤羅夫斯基在 1922 年偷偷寫下的回憶錄中説：「我第一槍就把尼古拉打死。士兵不停地射擊，我費了很大勁兒才制止胡亂射擊。槍聲停後，我發現很多人沒打死。比如波特金醫生，他支撐著右手躺在地上，彷彿在休息。我用手槍把他打死。阿列克謝、塔蒂亞娜、阿納斯塔西婭和奧爾加還活著。女傭傑米多娃也沒死。葉爾馬克同志想用刺刀結果他們，但未能成功。後來找到他們未被刺死的原因：這些公主的胸衣綴滿鑽石，彷彿盔甲一般。我不得不一個個地把他們打死。讓人遺憾的是紅軍戰士看見她們身上的東西，想把它們據為己有。我要求一起執行任務的同志看住士兵，不准他們拿搜查出來的貴重首飾，拿走的立刻歸還，否則將受到嚴懲。卡車把屍體運出城。在道旁找到一口廢礦井。我下令把這一地區包圍起來，燃起火堆，從屍體上扒衣服。我撕開一位公主的胸衣，裡面裝滿鑽石，很多人激動得喊起來。我對大家説：『這只是普通石頭。』我命令士兵們停止扒衣服，馬上走開。只留下幾個可靠的人。我們繼續搜查。在塔蒂亞娜、奧爾加和阿納斯塔西婭身上找到很多寶石，但瑪麗亞身上卻沒有。在皇后身上發現一條鑲滿珍珠的金腰帶，還有很多金戒指和金耳環 …… 然後把屍體扔進已經進水的廢礦井裡。我回到葉卡捷琳堡向蘇維埃報告完成任務。但他們認為這個地方不安全，容易被發現。晚上又把屍體從廢礦井裡撈出來，裝上卡車，尋找更深的礦井。但汽車陷入泥潭，只好在泥煤裡挖了個大坑。在埋葬屍體前灑上硫酸，免得日後被辨認出來。這時捷克軍團已迫近葉卡捷琳堡，只好草草用土把坑填平，便離開了。」

赤色恐怖宣告來臨：在藝術家 P. P. Baloyusov 的畫筆下，遭到卡普蘭槍擊倒地的列寧形象。列寧傷勢未愈便下令：「必須秘密和緊急地準備恐怖。」據此，布爾什維克開始了赤色恐怖。

1918 年 8 月 31 日，《真理報》莊嚴宣告：「如果我們不想讓資產階級毀滅我們，我們就必須毀滅他們，這個時刻已經到來。」

1918 年 9 月 1 日，《紅星報》尖叫道：「我們將把我們的心變成鋼鐵，…… 我們將打開那血海的閘門，絕不憐憫，絕不饒恕，我們將成百成千地殺死敵人。讓他們在自己的血裡淹死。…… 讓資產階級的鮮血流成洪水 —— 更多的鮮血，盡可能多的鮮血。」

1918 年 9 月 5 日，政府將恐怖合法化。蘇維埃人民委員會發出了「赤色恐怖令」。紅軍的口號是：「更高地舉起階級鬥爭的旗幟，讓敵人血流成河，讓我們踏著他們堆積如山的屍體走向共產主義！」

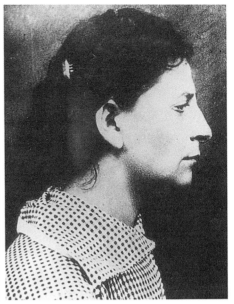

永久的黑洞：1918年8月30日，列寧到莫斯科米赫爾松工廠發表公開演講。他在離開前，遭到社會革命黨人芬尼 • 卡普蘭槍擊，被射中頸部和手臂。卡普蘭向契卡發布的聲明稱：「我開槍打因為我認為……他會使社會主義理想的實現推遲幾十年。……我這次搞謀殺僅代表我個人。」

列寧沒打算挽救卡普蘭的生命，將她交給中央全權來處理。這起槍擊案在9月1日迅即終止調查。未經法庭審判，決定將卡普蘭槍決。9月4日上午四時，在克里姆林宮一個停車場，汽車發動機運行，淹沒了槍決卡普蘭時的尖叫聲。她的屍體被塞進一個鐵桶裡澆上汽油焚燒，沒有留下痕跡。

最近有人懷疑卡普蘭是否真的有罪，因為她兩耳失聰，視力僅為零點二，這使她成為一個不太可能的刺客。

　　蘇聯政治家亞歷山大 • 雅科夫列夫在著作《霧靄》中寫道：「於是，就出現了在俄國開啟大規模恐怖時代的政權。……如果說羅伯斯庇爾將恐怖宣佈為美德的話，那麼布爾什維克就是把恐怖說成『社會主義人道主義』。」

　　在未來的數個月內，八百名社會主義者被捕並未經審判而被槍殺。在第一年，至少有六千三百人未經審判被處死。在彼得格勒，契卡逮捕了一千多名資產階級人士，一半被槍決，一半被扣為人質。《紅星報》刊登了這五百名人質的名單，並以《對白色恐怖的回答》為題，發出蘇維埃的嚴厲警告：「要是我們的領袖們哪怕掉一根頭髮，我們就會把那些在我們手中的反動分子一個不留地都殺掉！」

　　赤色恐怖和武力是凝聚政權的唯一武器。蘇聯哲學家德 • 沃爾科戈諾夫在著作《列寧》中寫道：「革命的領導人成為恐怖牧師。赤色恐怖造成的恐怖是白色的。」

„СОВЕ́Т Наро́дн

列寧的聖地：1918 年 10 月 17 日，克里姆林宮。這張照片是在遭槍擊兩個月後列寧又開始投入人民委員會工作的證明。（照片 /Petr Otsup）

（*164/165 跨頁圖*）**赤色恐怖的遺跡**：這是一張未標明時間和地點以及事件的關於布爾什維克軍隊與被殺戮的死難者遺體的留影。

（*166/167 跨頁圖*）**不准複製**：這張非常出色的照片從未出版過，於 1922 年在盧布揚卡的辦公桌上顯示了契卡的第一任老闆捷爾任斯基，他被他最親密的夥伴包圍著，就像最後晚餐的十二個門徒一樣。照片背面上貼著「蘇聯最高蘇維埃」與不祥的命令「不准複製」字樣。他們將在隨後的近二十年中以不同的方式走向死亡。在照片中為：雅各夫 • 彼得斯（左二）、約瑟夫 • 溫施利希特（手撫下巴者）、維亞切斯拉夫 • 明仁斯基的旁邊是捷爾任斯基。亨利希 • 雅戈達站在明仁斯基的後面，亞伯蘭 • 貝倫基（左），馬丁 • 拉齊斯和菲力浦 • 戈洛謝金（右）。

「列寧的恐怖是針對所有的政黨和社會各階層：貴族、資產階級、士兵、警察、憲政民主主義者、孟什維克、社會主義革命黨，以及整個平民，包括工人和農民，知識份子的待遇尤其壞。列寧創新之處在於不僅那些不與其同路者是反對我，而反對我的必須死！此外，列寧擴展這一原則到政治王國以外的全社會廣泛的領域。恐怖涉及雙重變異：對手被首先標籤為敵人，然後宣佈其為罪犯，導致將他從社會上排除出去，排除出社會很快又變成消滅。敵友之間的辯證關係不再能滿足解決極權主義的根本問題：尋找經淨化的不再含敵意的重新組合的人類，通過馬克思主義摩西式的計畫，將無產階級重新組合成新人類，並清除任何不符合新世界要求的分子。」

——《共產主義黑皮書》

列寧在視察軍事訓練。（藝術家 /А. Кадушкин）

「全世界無產者，聯合起來。國際勞工大軍萬歲。只有人民的領袖才能帶領紅軍走向勝利。」1918 年招募新紅軍的海報。（藝術家 /Dmitrii Moor）

（後跨頁圖） **視察新兵**：1918 年，蘇俄最高軍事委員會主席、紅軍統帥托洛茨基視察新招募的紅軍士兵。布爾什維克簽署賣國條約《布列斯特—立托夫斯克條約》和施政的暴虐激起了包括農民、農場主、戰俘、哥薩克、原沙皇俄國軍人等各行各業人員的憤怒，他們組成一個反布爾什維克的軍事聯盟，通稱白軍。白軍得到了英國、美國、法國、日本等十四個國家的援助和武裝支持，由此開始了與布爾什維克為期三年的血腥內戰。於是，托洛茨基奉命組建紅軍部隊來保衛蘇維埃政權，軍隊從最初的七千人在三年時間裡增加到五百萬人。

美國作家路易士 • 費希爾在著作《列寧的一生》中寫道：「托洛茨基 1879 年 10 月 26 日出生在烏克蘭的一個鎮子上。從很早的時候起，托洛茨基就是一個造反分子。他曾經反對不學無術的地主父親，還反對鎮子上猶太人的那種家庭生活方式。這位有才能的青年十七歲時來到了尼古拉耶夫，在這裡他見到了一批正在尋找新的道路的革命者。非常有才能的、自相矛盾的和自私自利的托洛茨基，1905 年的這場革命給了他以縱情發表言論的機會。他於 2 月份回到俄國後，由於他那火焰般的演說家的天賦和寫作才能，很快他就處在了社會震盪的震中。1905 年 10 月，當革命發展到最高潮時，二十六歲的托洛茨基成了革命的領袖。」

托洛茨基認為「建設軍隊離不開鎮壓 …… 司令部的武庫中也不能沒有死刑 ……」，並稱「不殺害老人、婦女和兒童 …… 國內戰爭 …… 就是不可思議的」。他還發明了政委制度，給每個軍事指揮官派了個政委。他將列寧提出的「十個閒人中挑出一個來槍斃」的懲罰措施用於管理軍隊，在打了敗仗的部隊中每十人裡挑出一個來槍斃。政委的職責之一就是負責槍斃人。

俄國史學者理查 • 派普斯在著作《共產主義實錄》中記述：「列寧在俄國發動了內戰，作為其最後目標發動世界革命的序幕。這場使俄國生靈塗炭的內戰，延續達三年之久，犧牲了數百萬人的生命。」

嚴酷治軍：1918 年，在內戰中，為防禦彼得格勒而新招募的女紅軍士兵。在 1919 年至 1920 年間，至少有三百萬紅軍逃回後方。契卡部隊在 1919 年逮捕了五十萬逃兵，於 1920 年逮捕了將近八十萬逃兵，還建立了專門針對逃兵的部隊。為此，數以萬計的逃兵被處決，他們的家屬常被抓為人質。列寧指令：「逃兵的家庭以及被發現以任何方式來幫助逃兵的人，都將被視為人質，並給予相應處置。」

共產國際赤衛隊：1919 年，全俄中央執行委員會主席米哈伊爾・加里寧在戈麥爾車站上檢閱共產國際赤衛隊。這是內戰發生後，在俄國的中國人、匈牙利人、奧地利人、德國人、捷克人、美國人等外籍親俄人士回應列寧的「社會主義祖國在危難中！」的號召而成立的共產國際赤衛隊。這支部隊參加多場與白軍的戰鬥，真正「實現各國人民的國際友愛」。在烏克蘭的一次戰役後，柳布林共產國際赤衛隊的司令員在給團司令員的報告中寫道：「弟兄們抗敵的情形，我無法描寫，他們所表現的英雄氣概是言語所難以形容的⋯⋯這是真正為革命的戰士。」

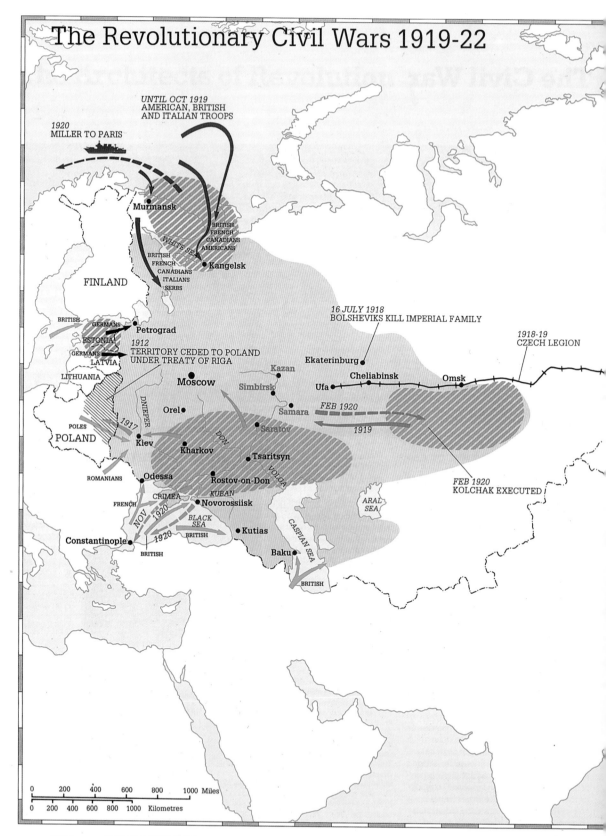

The Revolutionary Civil Wars 1919-22

1920
MILLER TO PARIS

UNTIL OCT 1919
AMERICAN, BRITISH
AND ITALIAN TROOPS

Murmansk

BRITISH
FRENCH
CANADIANS
AMERICANS

WHITE SEA

BRITISH
FRENCH
CANADIANS
ITALIANS
SERBS

Kangelsk

FINLAND

BRITISH

GERMANS

ESTONIA

GERMANS

LATVIA

LITHUANIA

Petrograd

1912
TERRITORY CEDED TO POLAND
UNDER TREATY OF RIGA

16 JULY 1918
BOLSHEVIKS KILL IMPERIAL FAMILY

1918-19
CZECH LEGION

Ekaterinburg

Kazan

Cheliabinsk

Omsk

Simbirsk

Ufa

DNIEPER

Moscow

Orel

FEB 1920

POLES

POLAND

1917

Kiev

Kharkov

DON

Saratov

1919

Tsaritsyn

VOLGA

FEB 1920
KOLCHAK EXECUTED

ROMANIANS

Odessa

Rostov-on-Don

KUBAN

CRIMEA

Novorossiisk

*ARAL
SEA*

FRENCH

NOV

1920

*BLACK
SEA*

Kutias

CASPIAN SEA

1920

BRITISH

Constantinople

BRITISH

Baku

BRITISH

| 0 | 200 | 400 | 600 | 800 | 1000 Miles |

| 0 | 200 | 400 | 600 | 800 | 1000 Kilometres |

1919 年至 1922 年俄國內戰示意圖。

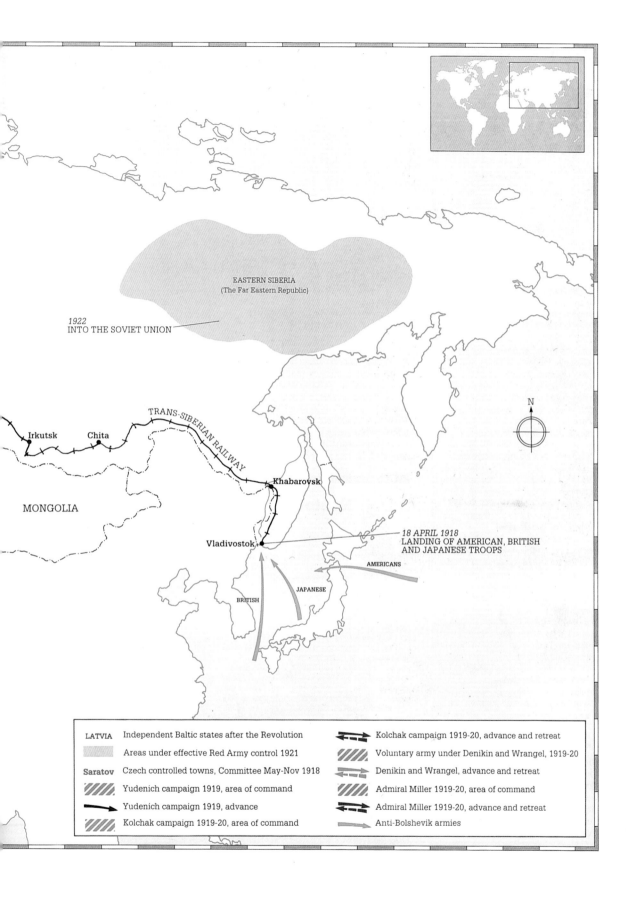

EASTERN SIBERIA
(The Far Eastern Republic)

1922
INTO THE SOVIET UNION

TRANS-SIBERIAN RAILWAY

Irkutsk   Chita

MONGOLIA

Khabarovsk

Vladivostok

N

18 APRIL 1918
LANDING OF AMERICAN, BRITISH
AND JAPANESE TROOPS

AMERICANS

JAPANESE

BRITISH

LATVIA	Independent Baltic states after the Revolution	
	Areas under effective Red Army control 1921	
Saratov	Czech controlled towns, Committee May-Nov 1918	
	Yudenich campaign 1919, area of command	
	Yudenich campaign 1919, advance	
	Kolchak campaign 1919-20, area of command	

Kolchak campaign 1919-20, advance and retreat
Voluntary army under Denikin and Wrangel, 1919-20
Denikin and Wrangel, advance and retreat
Admiral Miller 1919-20, area of command
Admiral Miller 1919-20, advance and retreat
Anti-Bolshevik armies

ОБМАНУТЫМЪ БРАТЬЯМЪ

(ВЪ БѢЛОГВАРДЕЙСКІЕ ОКОПЫ).

Посланіе первое ДЕМЬЯНА БѢДНАГО.

Издательство Всероссійскаго Центральнаго Исполнит. Комитета Совѣтовъ Рабочихъ, Крестьянск., Красноарм. и Казачьихъ Депутатовъ.

「**我的幫派**」：1919 年，在烏拉爾。「我的幫派」是由瓦西里 • 布列克赫所指揮的一個頑強善戰、殺人如麻的紅色旅，白軍指揮官阿德米拉爾 • 高爾察克屬下的奧倫堡哥薩克騎兵阿塔曼 • 杜托夫在與其作戰中受到重創。杜托夫在失敗後，於 1921 年逃往中國，被一名契卡代理人暗殺。

（左頁圖）**給白軍的訊息**：這是在內戰中一幅向白軍傳達訊息的海報。海報底部的詩歌由一個受歡迎的詩人傑米揚 • 貝德尼在 1918 年 10 月 12 日寫作，他懇求白軍加入紅軍來掃除沙皇俄國政權的最後殘餘勢力。（藝術家 /Alexander Apsit）

白軍指揮官：這是彼得 ● 弗蘭格爾未標明日期的照片。他是一名俄羅斯帝國軍官，出身在屬於波羅的海德國人的弗蘭格爾家族，畢業於俄國總參學院，參加過日俄戰爭和第一次世界大戰。他在俄國內戰後期擔任俄羅斯南部反布爾什維克的白軍指揮官，被擊敗後出逃土耳其，後流亡法國。他在 1928 年 4 月 25 日突然死亡，其家人相信他被蘇聯的代理人殺害。

（左頁圖）**紅星籠罩蘇俄**：「1919 年 2 月 23 日。紅軍是無產階級革命的後衛！」這幅海報是為慶祝紅軍日，出版在彼得格勒，藝術家未知。紅星、錘子和犁是工農紅軍的標誌，直到 1922 年犁被鐮刀取代。這裡的紅星像一朵紅花。

軍事共產主義：在內戰中，為保障布爾什維克政權的城鎮和軍隊的糧食與武器供應，列寧推出「軍事共產主義」政策：將農民手中除了生存量之外的餘糧全部強制徵收；食物與商品集中計畫配給；所有大中型工業企業實施國有化，小工業企業則實行監督；國家經營所有外貿活動；對工人採取嚴厲的管理制度，罷工者即行槍斃；全國實行成年人勞動義務制，貫徹「不勞動者不得食」的原則；私企非法；鐵路控制軍事化。

　　1918 年，為了解決城市的缺糧危機，列寧派遣史達林到察里津前線。史達林的主要工作就是從富農手裡找出糧食。列寧完全熟悉且讚賞史達林殘暴的剝奪手段，才將這一艱巨的徵糧任務交給他。史達林是好樣的。

　　俄羅斯劇作家愛德華 • 拉津斯基在著作《史達林》中寫道：「農村拒不向布爾什維克無償提供糧食。富農，也就是最能幹的農民，開始把汗珠換來的糧食藏起來。列寧組織了貧農委員會。那些怒氣沖沖的、最懶惰的農民掌了權。武裝的工人支隊從城市到農村去，同貧農一起從富農手裡搶糧。徵糧隊弄到的糧食並不多，但很快成了醉醺醺的強盜幫。彼得格勒和莫斯科都快餓死了。…… 科巴（史達林的革命化名）被任命為俄羅斯南方糧食事務領導人。他上察里津去了。那是布爾什維克在南方最重要的前哨，糧食從那兒以涓涓細流繼續送往莫斯科。科巴的任務是把涓涓細流變成滾滾洪流。……這地方糧食多得讓人喘不過氣來。但是，怎麼把糧食從僻遠鄉村運到察里津，然後再運到莫斯科呢？科巴以革命的方式，用槍斃來解決這個問題。為了讓人尊重自己的決議，他們把一切搞投機和反革命勾當的人統統槍斃，連涉嫌者也槍斃。…… 每天夜裡，都把卡車發動起來，讓馬達聲掩蓋掉槍聲和慘叫聲……屍體塞進麻袋，趁著月色埋進野地……天亮時，家屬紛紛把墳堆刨開，找親人的屍體。……科巴很快就給列寧發了電報：『雖說經濟生活各領域一片混亂，但仍然可以整頓秩序。一星期後，我們將往莫斯科發運約一百萬普特（1 普特合 16.38 公斤）糧食 ……』科巴這期間一直在車廂裡生活和工作。…… 一切都是在炎熱的車廂裡發生的。年輕的女秘書娜佳阿利盧耶娃在察里津出差後，就成了科巴的妻子。」

　　（右頁圖）**國際勞動節**：1919 年 5 月 1 日，列寧在莫斯科紅場發表演講。這是全世界無產階級爭取解放的國際節日。它是 1889 年 7 月，以恩格斯為領導的第二國際，為紀念 1886 年 5 月 1 日美國芝加哥工人英勇鬥爭而規定的。（藝術家 /П. Васильев）

內戰英雄：1919 年，俄國內戰中，布爾什維克的藝術家描繪的托洛茨基殺戮反革命龍的插圖。（藝術家／Viktor Deni）

（右頁圖）**內戰食人魔**：「Sovdepia 的和平與自由。」這是在俄國內戰時期反布爾什維克的白軍海報。海報將紅軍最高指揮官托洛茨基描繪為克里姆林宮的食人魔，依靠水兵和中國人殺害俄國人，他們在處決囚犯和剷除屍骨。「Sovdepia」是白軍對蘇維埃代表委員會 —— 早期蘇聯使用的貶稱。藝術家未知。

勝利或者死亡：在對付白軍的途中，紅軍士兵在一輛裝甲列車上。在內戰中，布爾什維克以赤色恐怖的手段來束縛軍隊。在由列寧起草、以布爾什維克中央《致全體黨員、政委、指揮員和紅軍戰士的通告信》中稱：「必須以鐵的手腕使指揮人員，不管是高級的還是低級的，不惜以任何手段執行戰鬥命令。…… 赤色恐怖現在比任何地方任何時候都更有必要，…… 不應有任何手軟。指揮人員只有一個選擇：勝利或者死亡。」

　　俄羅斯劇作家愛德華 • 拉津斯基在著作《史達林》中寫道：「列寧認為，革命後，他們應當開足馬力奔向社會主義。列寧美滋滋地寫道：『社會主義已經透過現代資本主義的所有窗戶眼，望著我們。』…… 他們像信徒期待著基督很快會再次降世一樣，期待著世界革命。世界革命將最終建立新世界。科學預見已經帶來了俄國革命，而且保證會發生世界革命。…… 只有在一黨統治下，列寧才能實現偉大的烏托邦。…… 列寧和布爾什維克決心建立這種國家。可是，列寧只有一個人數不多的黨，黨員都沒有任何治理大國的經驗。所以，他們要學習，用千百萬人的生命來學習。」

內戰英雄：謝苗 • 布瓊尼（大鬍子，第一排右五）與第一紅色騎兵軍官兵留影，大約在 1920 年。布瓊尼出生於俄羅斯南部的一個貧農家庭，在 1903 年加入沙皇軍隊，參加了 1905 年的日俄戰爭和第一次世界大戰。在列寧奪取政權後，成為高加索地區蘇維埃領導人之一。他在內戰中成立了第一紅色騎兵軍，並擔任司令官，該部隊在內戰中野蠻殘暴、殺人如麻，幫助紅軍擊潰了白軍將領安東 • 鄧尼金的軍隊。他在 1935 年成為最早的五個蘇聯元帥之一，退休時被授予了「蘇聯英雄」的稱號。

ЧОРТОВА КУКЛА.

№ 121.

Из-за моря, из-за гор
Вылез Врангель живодер
Яро

Эй, армия не дремли.
Не давай своей земли
Барам

ЛИТЕРАТУРНО ИЗДАТЕЛЬСКИЙ ОТДЕЛ

ПОЛИТУПРАВЛЕНИЯ Р.В.С.Р Сретен. бульв. д. 6.

Развернулася рука,
Двинул красный под бока.
Ловко

На штыке-от глянь, народ
Вместо Врангеля урод
Головка

А под буркою сокрыты
Тайна черная бандиты
Черти.

Эк их сколько жирных рож.
Мильеран и Джордж и Фош.
Ждут смерти

Мы покуда отдохнем.
А потом и их слихнем
В море

Туча черная уйдет.
И народное пройдет
Горе

英雄的典範：1918 年，共產主義者格拉西莫夫被英國人開槍射殺。他被布爾什維克樹立為內戰英雄。（照片 /Архангелъск）

（左頁圖）**「該死的木偶」**：這是 1920 年發行的一張反白軍的宣傳海報。在海報上，哥薩克紅色騎兵們除掉了弗蘭格爾男爵的覆蓋物，向外界揭露他的秘密支持 —— 英國首相勞埃德 • 喬治、法國軍事指揮官福煦等。注意太陽的反應和美麗的花朵。（藝術家 /Dmitrii Moor）

生存渺茫：在 1919 年的內戰中，數百名紅軍被高爾察克上將的白軍俘獲。這些囚犯擠在條件惡劣的監獄船靠近喀山伏爾加河。至今無人知曉這艘死亡船上的俘虜經歷了什麼事情，但海軍上將天生的殘暴將使他們的生存機會渺茫。

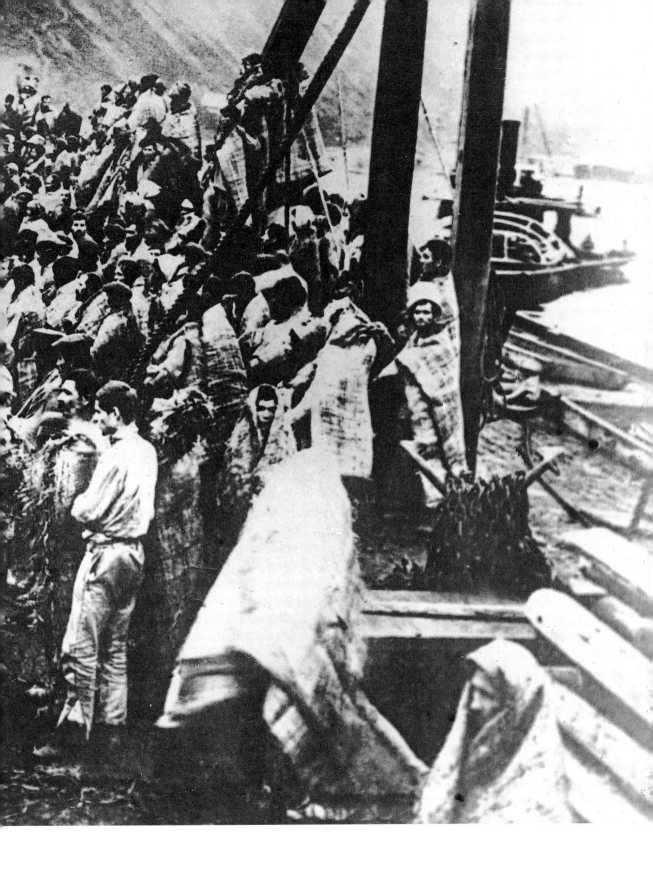

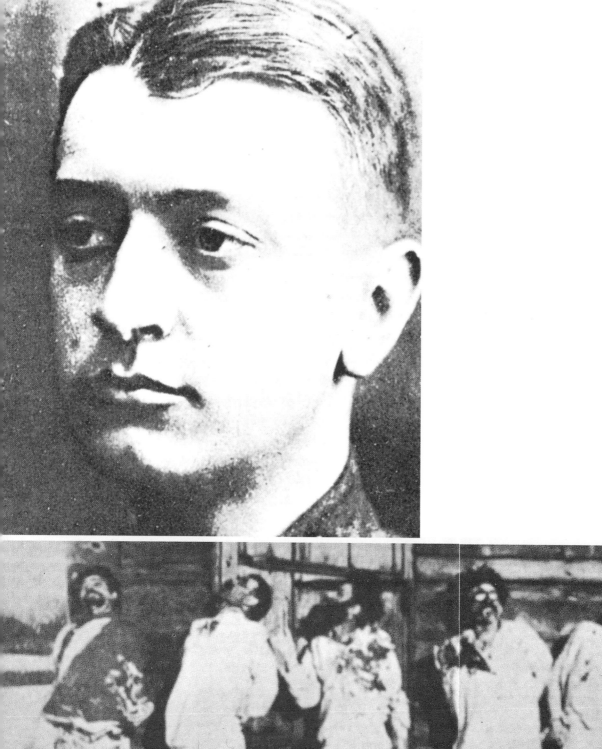

（左頁圖）「紅色波拿巴」：米哈伊爾 • 圖哈切夫斯基，謝苗諾夫禁衛團少尉。後來成為蘇聯紅軍總參謀長、蘇聯元帥。在1937年的圖哈切夫斯基案件中，他被指控參與「反蘇陰謀」遭到秘密逮捕判處死刑，並立即槍決。蘇聯政治家亞歷山大 • 雅科夫列夫在著作《霧靄》中寫道：「圖哈切夫斯基被德軍俘虜，在那裡認識了名叫夏爾 • 戴高樂的法國上尉。夢想征服世界，夢想從事對歐洲、亞洲和世界其他地區的革命征討。頗受列寧賞識，獲得『紅色波拿巴』的綽號，為此感到自豪。圖哈切夫斯基晉升很快。攻克了鬧暴動的喀琅施塔得。不久又出現在爆發人民起義的坦波夫。他在這兩個場合都倡議利用毒瓦斯來對付起義者和平民百姓。曾提出在共產國際附設世界革命總司令部。他甚至出了一本名為《階級的鬥爭》的書，書中呼籲開始世界性內戰，征服世界和建設世界蘇維埃共和國。列寧和托洛茨基都很喜歡這個主意。」（照片 /Roger Viollet）

（下部圖）暴行：在內戰中，擁護沙皇帝制的白軍，在沙皇的前盟友捷克、英國、日本的幫助下，與紅軍進行了鬥爭。這張偽造圖片被提出來作為紅軍的野蠻行徑。

（後跨頁圖）十月政變紀念日：1918年11月7日，列寧在莫斯科紅場慶祝十月革命一周年紀念大會上演講。

生靈塗炭：當紅軍和白軍忙於你爭我鬥時，俄國農民們正遭受著可怕的饑荒的折磨。由於布爾什維克對糧食購銷實行國家壟斷，農民不願以賤價出售糧食，城裡出現糧荒，列寧便於 1918 年 1 月 14 日下令派出武裝搶糧隊到農村去，「採取最革命的措施」與農民進行「無情鬥爭」。

蘇聯政治家亞歷山大 • 雅科夫列夫在著作《一杯苦酒》中寫道：「對農村的軍事佔領造成了至為慘烈的饑荒，饑荒使五百餘萬人喪生。……布爾什維主義歷史上絕頂駭人聽聞的一頁，就是它把矛頭指向本國人民的恐怖行為。一切對革命有利的事都被認為是合乎道德的，而其他都是不道德的。正是在這樣一種道德概念的指引下，國內戰爭中的人質被槍殺，農民被消滅，集中營紛紛出現，有好幾個民族整體被迫遷徙他鄉。按照馬克思的說法，虛幻未來要比人的生命更為重要。於是，當涉及政權問題時，就可以放開手腳，不擇手段、不顧善惡地行事。真正的價值 —— 自由、善良、愛情、協作、團結、法律至上等都被認為是多餘的，因為它們沖淡了階級意識。」

傳奇仍在繼續：1919 年 6 月 9 日，在烏拉爾烏法，第二十五步兵師指揮官和政委留影。在照片的中心是瓦西里伊萬諾維奇 • 帕帕耶夫（坐者，頭部纏著繃帶），是傳奇的遊擊隊指揮官，在同年的軍事行動中死亡。在他旁邊，左邊坐著德米特里 • 弗拉曼諾夫，前無政府主義者、政委和作家，他的小說《恰帕耶夫》在二十世紀三十年代改編成史詩故事片。

（後跨頁圖）**雨點擊打的歷史**：1920 年，在阿塞拜疆巴庫火車站，第十一軍紅軍士兵與政委留影。隨著白軍的失敗，巴庫成為「刺刀革命」的出口中心，格魯吉亞、亞美尼亞和阿塞拜疆獨立的高加索共和國以借來的時間為生。在前排，可以看到謝爾蓋 • 基洛夫（左二）、高加索領導人格里戈里 • 奧爾忠尼啟則（左三）和安東尼斯 • 米高揚（右邊黑鬍子），在 1918 年被反布爾什維克勢力槍殺的二十六人中唯一的倖存者。

　　基洛夫在 1934 年 12 月 1 日被史達林指使人暗殺，成為蘇聯全國性的肅反清洗運動的藉口。奧爾忠尼啟則在史達林威迫下，1937 年 2 月 18 日在莫斯科住所自殺。而米高揚從列寧到勃列日涅夫時期，在蘇聯政界最高層中雄踞各種要職達五十五年之久。他的保命真言是：「別擔心，雨淋不著我，我能在雨點之間躲閃穿行。」

煽動革命火車：「十月革命」煽動宣傳列車於 1919 年抵達薩馬拉附近的索洛茨科站。車廂裝飾著蘇維埃革命和反資本主義鬥爭的主題。當地居民可以到列車上的電影院、書店、電臺和版畫店，甚至還有一個投訴部門。

（後跨頁圖）**為更美好的未來而奮鬥**：一張大約為 1920 年罕見的煽動宣傳火車的海報。畫上的文字為：「從遠方，這列火車給我們帶來了寶貴的禮物，快點，同志們！火車不會停留很久。你必須意識到，一本真實而智慧的書將為您爭取更美好的未來而奮鬥的道路。」

　　在內戰期間，布爾什維克裝備和動員了激動人心的宣傳火車，派遣它們到俄羅斯各地向人民通報正在進行的捍衛革命的鬥爭，並幫助組織關於新工人國家意義的講座、會議和討論。以列寧命名的第一列火車於 1918 年 8 月 13 日投入使用。其他的在不久之後，以「十月革命」、「紅色東方」、「蘇聯高加索」和「紅色哥薩克」的名字的火車開始在蘇聯城市和鄉村進行轟炸。這些車廂以繪畫、圖案或諷刺裝飾著稱，反映了列車的名稱和他們前往的地方。還有一個「紅星」煽動宣傳船，在 1919 年和 1920 年兩個夏季沿伏爾加河航行，每次可以拖送超過八百人到鐵製的駁船上的電影院觀影。

ИЗ Д...
С ДРАГ...
ВАГОН НЕ СТОИТ ДОЛ...
ЧЕСТНАЯ КНИГА ОЗА...

Типо-Лит. Редиздата Наркомвоен № 2

КАГО ТЫЛА ПРИМЧАЛСЯ К НАМ ВАГОН.
НЫМ ПОДАРКОМ. СПЕШИТЕ ТОВАРИЩИ!
А ОДНОМ МЕСТЕ. ЗНАЙТЕ ЧТО РАЗУМНАЯ
УТЬ ВАШ ДЛЯ БОРЬБЫ ЗА ЛУЧШЕЕ БУДУЩЕЕ.

ИЗД. ПОЛИТУПРАВЛЕНИЯ НАРКОМВОЕН Киев 1919 г

РОССІЙСКАЯ
ФЕДЕРАТИВНАЯ
СОВѢТСКАЯ РЕСПУБЛИКА.
ПРЕДСѢДАТЕЛЬ
СОВѢТА
НАРОДНЫХЪ КОМИССАРОВЪ.
Москва-Кремль.
............19..г.
№.............

Т-щам Кураеву,
Бош, Минкину и
другим пензенским
коммунистам.

Т-щи! Восстание пяти
волостей кулачья
должно повести к беспощадному подавлению. Этого
требует интерес всей революции, ибо теперь везде последний

Ленинская политика в отношении кулаков: „повесить (непременно повесить, дабы народ видел)..."

（前跨頁圖）**列寧秘密手令**：1918 年 8 月 11 日，列寧向奔薩省布爾什維克發出一份秘密電報，指示如何對待因為徵糧而引發的農民起義：

同志們：

五個縣區的富農暴動必須毫不留情地予以鎮壓。整個革命事業的利益，要求我們必須這樣做，因為目前各地都在與富農進行著「最後的決戰」，我們必須樹立一個榜樣。辦法如下：

1．把那些臭名昭著的富農、財主、吸血鬼統統吊死，人數不得少於一百名。（吊死後就掛在那裡示眾，讓民眾觀看。）

2．把死者的姓名公佈出來。

3．把他們的全部穀物，統統沒收過來。

4．要指定一些人做人質——照昨天的電令辦理。要做到這樣的程度：使周圍數百俄里（公里）以內的民眾都能看到，都能知道，都會膽戰心驚，奔走相告，說我們正在絞殺那些富農吸血鬼，而且還要絞殺其他的吸血鬼。

電文收到之日，立即執行。

列寧

另：要選派一些真正幹練可靠的人去執行。

（右圖）**吊死**：在內戰中農村的受害者。蘇聯哲學家德・沃爾科戈諾夫在著作《列寧》中寫道：「列寧廣泛地採取『軍事共產主義』的做法，作為向社會主義管理形式迅速過渡的一種手段。」（照片／Harlingue-Viollet）

Последний бой!

Задушив
последнюю гадину
контр-революции—
—барона Врангеля,
рабочие и крестьяне
вернутся к мирному
труду.

Редакционно-Издательский Отдел
Политуправления Киевского Военного Округа.

2-я Советская фото-лито-типография
Киев, Пушкинская 4. № 2000—3000

向彼得格勒進軍：1917 年夏天，喀琅施塔得的水手們在彼得格勒街頭遊行。他們高舉的橫幅上寫著：「打倒十個資本主義部長！」

　　喀琅施塔得是俄國波羅的海艦隊的基地、彼得格勒的防衛港，距離彼得格勒五十五公里。在 1917 年布爾什維克革命時，波羅的海艦隊的水兵們給了他們巨大的支持，被布爾什維克稱為「俄國革命的精英和驕傲」。當這些水兵們目睹布爾什維克以赤色恐怖和軍事共產主義屠殺和勒索人民時，他們於 1921 年 2 月發動起義，誓言要推翻這個殘暴的政府。但這場起義遭到托洛茨基的血腥鎮壓，水兵死亡上千人，被俘二千至六千人，六千至八千人流亡異國。當地報紙稱：「托洛茨基元帥站在齊膝深的血泊中，對革命的喀琅施塔得開火了。」

（左頁圖）**「最後的戰鬥」**：這是 1920 年在基輔發行的宣傳海報。藝術家未知。在克里米亞海岸線上，陽光明媚，人們期待盼望已久的和平。海報中的兩艘遙遠船隻象徵著弗蘭格爾和他的白軍從克里米亞永遠逃跑了。

　　俄羅斯劇作家愛德華・拉津斯基在著作《史達林》中寫道：「科巴是到了莫斯科才得知攻佔克里米亞的消息的。紅軍戰士利用堆積如山的戰友屍體做掩護，如同雪崩一樣正面襲擊，攻進了半島。科巴又上了一堂主課：托洛茨基善於不惜犧牲部下，所以節節勝利。…… 克里米亞的結局：…… 發生了屠殺。躲在俄國的匈牙利革命領袖庫恩・貝洛寫道：『克里米亞是一隻瓶，反革命一個都沒有鑽出。克里米亞在革命進度上落後了三年，不過我們會讓它趕上去的。』科巴看到，的確是在趕。機槍響了好幾個月，死了幾萬人。槍斃的人被扔到廢井裡，或是迫使即將被槍斃的人自掘墳墓。屍臭久久不散。但是，克里米亞的白色分子被清除掉了 ……」

「在俄羅斯歷史上，還沒有磨出可以在本國烤出社會主義餡餅的麵粉。」

——俄國馬克思主義創始人普列漢諾夫

（前跨頁圖）**歡呼勝利**：1920 年，克里米亞．紅軍慶祝戰勝反布爾什維克的白軍指揮官彼得．弗蘭格爾的軍隊。在三年內戰中，西方自由世界最有威望的報紙《紐約時報》報導了九十一次關於蘇維埃政權垮臺或者已臨末日的消息。這一預言為什麼沒有實現呢？答案非常簡單：即那些愛好和平與善良的人們遠遠低估了布爾什維克的殘暴和赤色恐怖。

紅軍如何戰敗白軍？俄羅斯劇作家愛德華．拉津斯基在著作《史達林》中寫道：「難以置信的奇跡出現了：半饑不飽、裝備粗劣。有時連雙靴子都穿不上的紅軍，戰勝了沙俄最傑出的軍官、裝備精良的正規白軍、精銳的哥薩克部隊。這一奇跡是怎麼發生的？…… 是那種農民對財主的階級仇恨幫了布爾什維克的忙。…… 還有一個俄國的災難毀了白軍：偷盜。…… 但是，還有一個情況是致命的：白軍有一種無法克服的恐懼感，覺得是在殺同胞、殺親骨肉、殺『自己人』。而布爾什維克、科巴、列寧和紅軍政委卻沒有這種感覺，他們的『自己人』是世界無產階級，他們不是在跟同胞打仗，而是跟『剝削者』打仗，殺『剝削者』是為了地球上一切受苦人的幸福。政委就是這樣教導紅軍戰士的。」

（右頁圖）**砸斷鐐銬**：藝術家鮑里斯．庫斯妥基耶夫為布爾什維克的爭論雜誌《共產國際》製作的封面。該雜誌由季諾維也夫編輯出版，在彼得格勒和莫斯科，以俄文、英文、法文和德文出版。該雜誌首次出版在1919 年 5 月。

（後跨頁圖）**共產國際會議**：1920 年 7 月 19 日，在彼得格勒烏里茨基宮，列寧在共產國際第二次會議致開幕詞。多重曝光的照片顯示出參加會議的代表們的全部注意力都集中在列寧的身上。除了列寧，托洛茨基也是主張十月政變後應以先支援其他國家共產黨革命為最優先路線，提出了在世界範圍內「不斷革命」，也就是輸出世界革命，首先橫掃歐洲，再展開征服全世界的軍事行動，最終建立世界蘇維埃共和國。

WORKERS OF THE WORLD UNITE!

THE COMMUNIST INTERNATIONAL

№

MOSCOW
KREML.

PETROGRAD
SMOLNY.

16-17

規劃世界革命：藝術家伊薩克 ● 布羅德斯基的巨畫《列寧在共產國際第二次代表大會上致開幕詞》開始於 1920 年，歷時四年完成。這幅藝術作品極像歷史文獻，令人歎為觀止地描繪了超過三百名代表聆聽列寧演講的全景，這個為期一個月的會議，以計畫即將到來的世界革命的一部分。由於工作直到 1924 年才完成，史達林在繪畫中比其他早已完成的更加突出。托洛茨基、布哈林、拉德克和季諾維也夫，所有的特徵都很強大，包括外國代表約翰 ● 里德（美國）也是如此，庫恩 ● 貝拉（匈牙利）、賈欽托 ● 塞拉蒂（義大利）、克拉拉 ● 澤特金（德國）和阿爾弗雷德 ● 羅斯默（法國）。

因為這幅畫中許多革命家後來被史達林殺害，鑒於他對國際主義的怨恨，在 1927 年，這幅畫被撤回。它於 1989 年復活，並陳列在莫斯科列寧博物館的樓梯上，在那裡，它被藏起了六十二年。

LONG LIVE THE THIRD COMMUNIST INTERNATIONAL!
EVVIVA IL TERZA INTERNAZIONALE COMMUNISTA!

「第三共產國際萬歲！」：這張發行了多國語言的海報，與1920年夏天在莫斯科和彼得格勒舉行的共產國際第二次大會相吻合。（藝術家／Sergei Ivanov）

（後跨頁圖）**高談闊論**：1920年5月5日，托洛茨基向軍隊士兵演講，而加米涅夫和列寧則在一邊觀看。背景是莫斯科大劇院。這張照片是在1920年共產國際大會上送給外國代表的一個特別專輯中找到的。在史達林主義時期，想要擁有這樣的照片，一定被逮捕，放逐到勞動集中營，甚至更糟。即使竊竊私語其存在也會被視為犯罪。攝影師未知。

大造謠：作為彼得格勒和整個西北俄羅斯獨裁者，齊諾維夫是 1919 年至 1926 年共產國際的領導人。他於 1920 年在莫斯科克里姆林宮舉行的一次會議上，與列寧緊密討論了世界革命的局面。照片的右邊可以看到加西亞托 • 塞拉季亞和安吉麗卡 • 巴拉巴羅娃。塞拉季亞是義大利社會黨領導人，同情共產黨，反對分裂他的政黨為他們自己的目的。他遇到了可怕的誹謗運動，被驅逐出共產國際。巴拉巴羅娃為塞拉季亞辯駁，季諾維也夫後來也證明塞拉季亞的清白。他說：「我們誹謗他是因為他的偉大功績。如果不訴諸這些手段，就不可能把群眾與他疏遠。」巴拉巴羅娃在 1921 年移居國外。

（*230/231 跨頁圖*）**波俄之戰**：1920 年 5 月 5 日，列寧在莫斯科向出征的士兵演說，要求對波蘭的戰爭提供支援。在這幅很快傳遍世界的照片中，托洛茨基與他後面的加米涅夫正在臺階上等候發言。史達林隨後會從照片中抹去他。自從第一次世界大戰結束以來，布爾什維克和波蘭之間的領土爭端上的衝突一直在醞釀。在十月政變後席捲俄國的內戰的最後階段，布爾什維克紅軍進攻波蘭，試圖先征服歐洲大陸，再將世界革命的風暴掃遍地球的每一寸陸地上。但這場攻擊在接近維斯瓦河的決定性戰役中被擊退。波蘭粉碎了布爾什維克在歐洲中部和東部一個廣泛的世界革命的最後機會。這是布爾什維克最後一次在自己的邊境侵略性的軍事行動，直到第二次世界大戰的爆發。（照片 /G. P. Goldshtein）

（*232/233 跨頁圖*）**偽造的藝術品**：根據攝影師 Goldshtein 的照片偽造的繪畫進入了藝術世界。在 1933 年，著名的社會主義現實主義畫家伊薩克 • 布羅德斯基接受委託，在一個巨大的畫布上描繪這個現場。在這個熱烈讚頌偉大領袖的空間裡，沒有托洛茨基或加米涅夫的容身之地，他們的位置被兩名記者佔領。在後來史達林的恐怖統治下，加米涅夫於 1936 年 8 月在莫斯科被槍殺，托洛茨基於 1940 年 8 月 21 日在墨西哥被暗殺。這幅畫成為莫斯科中央列寧博物館的主要景點。同時，還為其他蘇維埃博物館製作了大型繪畫副本，數百萬的複製品被出售。

БУДЬ НА СТРАЖЕ!

Польша выбросила на нашу территорию несколько новых значительных банд под руководством того самого петлюровского бандита Тютюника, который подлежал высылке из пределов Польши. Неслыханно провокационный характер этого нового нападения заставил всю армию встрепенуться и спросить себя: "доколе же?".

Каждый красноармеец должен уяснить себе действительное положение дел. В Польше не одно правительство, а два. Одно — официальное, гласное, выступающее в парламенте, ведущее переговоры, подписывающее договоры. Другое — негласное, опирающееся на значительную часть офицерства, с так-называемым начальником государства Пилсудским во главе. За спиной тайного правительства стоят крайние империалисты Франции. В то время как официальное польское правительство под давлением не только трудящихся, но и широких буржуазных кругов, вынуждено стремиться к миру с советской Россией, провокаторы Польского штаба изо всех сил стремятся вызвать войну.

Мы не знаем, победят ли в Польше этой зимой или ближайшей весной сторонники мира или преступные поджигатели. Мы должны быть готовы к худшему.

Красная армия снова раздавит Петлюровские банды, выброшенные к нам польскими авантюристами. Красная армия удвоит свою работу по боевой подготовке. Никакой поворот событий не застигнет красную армию врасплох.

Л. Троцкий.

Высший Военный Редакционный Совет.

Государственное Издательство

「1919 年 3 月，大約在布爾什維克奪取政權一年之後，在莫斯科召開了共產國際第一次會議。……其任務是團結和指導世界革命。到 1920 年夏，共產國際召開第二次會議時，……托洛茨基和季諾維也夫這樣最誇誇其談的布爾什維克領導人的充滿激情的演講控制了會議的氣氛，他們的雄辯言辭使人們更加感到，共產主義在全世界取得勝利不僅是不可避免的，而且已為期不遠了。……從一開始，蘇共政治局就控制了共產國際的執行委員會，……莫斯科把各種同情布爾什維克，但卻不願受布爾什維克紀律束縛的社會民主主義和和平主義組織排除在外，把共產國際變成了一個嚴密的宗教組織。」

——美國國際戰略理論家茲·布熱津斯基

勃勃野心：由德米特里·摩爾製作和托洛茨基的文字「警惕！」的海報在蘇俄和波蘭戰爭期間出版。一個紅色騎兵在波蘭地主身上跺腳，而來自芬蘭、愛沙尼亞、拉脫維亞和羅馬尼亞的資本家則四處徘徊，希望成為潛在的威脅。在 1920 年 4 月，馬歇爾·畢蘇斯基元帥的波蘭軍隊發動了一場對基輔的薄命襲擊，托洛茨基建議列寧，紅軍的反擊應該在波蘭邊界停止。列寧不同意，認為波蘭應在他的勢力範圍之內。不是這樣的。這是列寧妄圖進行血腥革命將地球變為世界蘇維埃共和國的一個縮影。

Помещичий двор господа бога отца, вседержителя, творца небу и земли, видимым всем и невидимым.

宗教的暴風雨：1923 年，莫斯科，德米特里 • 摩爾發表在諷刺反宗教雜誌《工作檯上的無神論者》上的雙頁插圖。漫畫下部的文字為：「這就是我們地主的後院，上帝，天地之父，所有可見的和看不見的東西。」

　　布爾什維克在公共意識形態領域創造了一個靈魂上的真空，是為了將社會主義革命思想填補進去。列寧是所有宗教信仰的敵人，除了他的共產主義的神。蘇聯政治家亞歷山大 • 雅科夫列夫在著作《霧靄》中寫道：「早在 1918 年春天，針對一切宗教特別是東正教的恐怖行動就開始了。據文獻記載，高級神職人員、修士和修女受到野蠻的殘害，把他們釘在教堂大門上處死，剝他們的頭皮，在沸騰焦油的大鍋裡煎熬，用熔化的鉛水給他們授聖餐，將他們淹死在冰窟窿裡。僅僅 1918 年一年，就有三千名高級神職人員被處決，而整個蘇維埃政權期間，當局殺害了三十萬名各種信仰的教會職員。1919 年年末，布爾什維克試圖弄清是否可以創建帶有『紅色神甫』的『蘇維埃教會』。原來是可以的。任何時候都有心甘情願阿諛奉承地為當局，而不是為人民服務的兩面派。然而，捷爾任斯基很快就明白，這樣的決定可能在一定程度上使教會擺脫他那個部門的監護。1920 年 12 月，他在給自己的副手拉齊斯的信中寫道：『我的意見是，教會要瓦解了，應當促成此事，但決不要讓它以更新的形式復活。因此，應當由全俄肅反委員會，而不是別人來實施教會的瓦解政策。』懲戒機關將俄國、後來是蘇聯的所有信仰全都置於自己的監督之下。……搶掠財物的政權垂涎欲滴地盯著東正教會的財富。……據文獻記載，（抗議當局暴行的）信教的人群被機槍的火力驅散，被拘留者當天即全部槍斃。……1920年 6 月，政府作出了關於解剖聖徒乾屍的決定，這次是全俄國的範圍內，因為搶劫財物者在決定之前已經開始破壞聖骨匣了。僅僅 1919 年 2 月 1 日至 1920 年 9 月 28 日，……就進行了六十三次解剖。」

（238 頁圖）**「識字是通往共產主義的道路。」**這幅海報出版在 1920 年，藝術家未知。語言是意第緒語和希伯來語。在書上寫著古代斯拉夫語的字母為：「全世界無產者，聯合起來。」在海報中，經典的英雄貝勒羅蒙領導著打擊文盲和分發知識的鬥爭。海報在俄國、波蘭和韃靼語言印刷了五萬張。

（239 頁圖）**為麵包工作**：藝術家尼古拉 • 科格特為內戰後重建創造了 1920 年的激動人心的海報：「我們用武器打敗敵人，努力工作，我們將得到我們的麵包。每個人都工作，同志們。」

7. ОРУЖИЕМ МЫ ДОБИЛИ ВРАГА
ТРУДОМ МЫ ДОБУДЕМ ХЛЕБ
ВСЕ ЗА РАБОТУ, ТОВАРИЩИ!

КРАСНЫЙ

По дикому полю, по обломкам злого барства и капитала вспаше
для всего трудового

Государственное Издательство

АХАРЬ

Р. С. Ф. С. Р.

нашенку да соберем добрый урожай счастья

2ª Государственная типография Москва.

「紅色農夫」：這張 1920 年在莫斯科發行的海報，基於中世紀的俄羅斯童話。偉大的太陽升起，烏雲被驅散開，美麗的馬兒小心翼翼地踏過了像沙皇陣亡的服飾。（藝術家 /Boris Zvorykin）

（*後跨頁圖*）**離列寧很近又很遠**：1920 年 7 月 20 日，彼得格勒烏里茨基宮，列寧與參加第二次共產國際會議的代表留影。在這張意味深長的照片中，離列寧身體最近的是作家馬克西姆・高爾基（他的背後是支柱），但是他的內心似乎離列寧又很遠。

他在 1905 年參加創辦《新生命》雜誌時認識列寧，後者是雜誌總編輯。他因為寫文章將基督教與馬克思主義結合在一起而與列寧發生過爭執。在列寧奪取政權後，高爾基目睹布爾什維克殘害宗教人士、槍殺反對派、壓榨農民和威逼知識精英出境等暴虐行為，在報紙上公開發表了數十篇攻擊布爾什維克的文章，並稱列寧「是個冷血的詭計家，既不尊重無產階級也對他們的生命漠不關心」，「列寧認為自己有權拿俄國人民做一次註定會失敗的殘酷實驗」。為此，列寧下令關閉了報紙。高知名度救了高爾基一命。

在拍攝這張照片幾個月後，對列寧政權失望的高爾基遠走義大利。當列寧死後的第四年——1928 年，在史達林糖衣炮彈的引誘下，高爾基重返蘇聯，成為蘇聯共產黨中央委員會成員，享受著特權，無體面地為史達林的暴虐政權塗脂抹粉唱讚歌。他在 1936 年 6 月 18 日因肺炎過世，據稱他有可能是被史達林害死。

新星學校：列寧和孩子們在一起。列寧曾經驕傲地說：「把孩子交給我八年，他就永遠變成共產黨員。」但兒童在列寧統治下的命運是可怕的。蘇聯政治家亞歷山大 • 雅科夫列夫在著作《霧靄》中寫道：「再沒有比政權利用整個懲戒系統的實力來同兒童作戰更加卑鄙的事情了。布爾什維克根據政治局和史達林本人的指示，建立了專門的兒童懲戒系統。這個系統擁有兒童集中營和兒童管教所、機動的接受分配站、專設的保育院和托兒所。兒童必須忘記自己是誰、何處出生，必須忘記自己的父母是誰、現在何處。這是個特殊的兒童古拉格。1919 年彼得格勒槍決了第八十六步兵團投奔白軍的軍官之家屬，其中包括子女。1920 年 5 月，各報刊登了關於葉利薩維特格拉德某軍官四名三至七歲女童及其老母被槍決的消息。1920 年，阿爾漢格爾斯克因該市肅反人員槍決了十二至十六歲兒童，被人們稱之為『死亡之城』。十分起勁地採用拿兒童當人質的辦法，尤其是在同那些試圖對抗體制的土地政策和農民政策的農民作鬥爭的時候。1918 年秋天，開始建立集中營，其中大部分囚犯都是作為人質抓起來的『叛亂分子』的家庭成員，包括婦女和吃奶的嬰兒。1921 年，坦波夫的懲戒者報告說：『作為人質，逮捕了參加匪幫人員的直系親屬，而且是全家逮捕，不論性別和年齡。集中營來了大量的兒童，有的年齡很小，甚至還在吃奶。』『我們感到非常震動的是，』牧首吉洪寫道，『可能有這樣的怪事，在軍事行動中一個陣營用敵對陣營的妻兒子女充當人質，以便保護自己的隊伍。我們為當代的野蠻行徑而感到非常震動 ......』」（藝術家 /В. Токарев）

（後跨頁圖）**「列寧的安息日」**：列寧參加星期六義務勞動。這是一位藝術家在 1927 年繪製的作品。這是基於 1920 年 5 月 1 日列寧與其他志願者一起運送木材的照片。在內戰結束後，為了重建國家，列寧鼓動每個星期六進行無償工作，剛開始是自願出工，後來變成強迫勞動，而且是無償的。這種做法很快在全國各地實行，民眾嘲笑稱其為「列寧的安息日」。列寧為此寫文章稱，這種義務勞動日是「實際的共產主義的開始」。這種強制性的勞動在 1950 年代被推廣到東歐的共產黨國家。中國共產黨將這種強制性的義務勞動讚美為共產主義的偉大創舉。

　　原西德蘇聯問題和國際共產主義運動史學家沃爾夫岡 • 萊昂哈德在著作《是一次新革命的前夕嗎？》中寫道：「列寧在 1920 年 4 月說，人們還得『經年累月的為參加社會主義建設勞動』，創造『社會制度的新形勢』是『一件幾十年的事情』。他甚至估計要若干世代：『我們知道，我們不可能立即實行社會主義制度；但願我們的孩子們，也許是我們的孫子們，親眼看到我們這裡建成社會主義。』」（藝術家 /Mikhail Sokolov）

М. Соколов
1427

列寧夢想中的共產主義：這是蘇聯藝術家什馬奇科描繪的 1920 年 12 月蘇維埃第八次全俄代表大會上列寧在俄羅斯國家電氣化委員會地圖前講話時的一個場景。列寧在講話中提出了「共產主義就是蘇維埃政權加全國電氣化」的論斷。列寧說：「電將取代農民的上帝，讓農民向電祈禱；他會更多地感受到中央權力的力量，而不是天空。」

（後跨頁圖）**共產黨宇宙**：「很快整個世界將屬於我們，所有國家的工人聯合起來！」在 1919 年，這個海報是一個了不起的歷史檔案，它表明，兩年後的革命，不僅蘇維埃政府和人民認為，世界已經準備好反抗，但整個宇宙最終將屬於共產黨統治。他們相信全世界的同志都渴望在自己的國家進行革命，他們認為戰勝全世界是一個迫在眉睫的成就，下一站就是征服整個宇宙。

這樣的想法，是基於蘇聯火箭科學家之一康斯坦丁 ● 齊奧爾科夫斯基第一個宣導人類對太空的探索和旅行到月球。藝術家巧妙地插入這些想法，描繪了一個俄羅斯的工人和農民支配地球，布爾什維克將翱翔在其他行星系統內，俄羅斯成為領先的探索運動者。（藝術家 /Sayanskii L. V.）

СКОРО ВЕС

Пролета

МИР БУДЕТ НАШ

...сех стран, соединяйтесь!

五一慶祝：1919年，列寧（看到站在底部的左邊）在莫斯科紅場的五一國際勞動節集會上。馬克思的第一國際和第三國際在慶祝活動中以圖形方式慶祝。然而，沒有任何第二國際的代表，他的領導人列寧無情地抨擊道：「他們背叛了工人，延長了屠殺時間，成為社會主義的敵人，走向資本家的一邊。」

（254 頁圖）**無產階級專政一周年**：1918 年在彼得格勒發行的一張海報，畫上寫著文字為：「無產階級專政的第一年。」（藝術家 /Alexander Apsit）

（255 頁圖）**十月政變三周年**：這是為慶祝布爾什維克十月革命三周年而於 1920 年在莫斯科出版的海報。海報上寫著：「打倒資本主義，無產階級專政萬歲！」（藝術家 /Dmitrii Melnikov）

Российская Социалистическая Федеративная Советская Республика.
ПРОЛЕТАРІИ ВСЕХ СТРАН
СОЕДИНЯЙТЕСЬ!
ГОД
ПРОЛЕТАРСКОЙ
ДИКТАТУРЫ.
ОКТЯБРЬ 1917 – ОКТЯБРЬ 1918
Издательство Всероссийского Центрального Исполнительного Комитета,
Советов Рабочих, Крестьянских, Красноарм. и Казачьих Депутатов.

В ЭТИ ДНИ ВСЕ ДОЛЖНЫ ПОНЯТЬ, КАК БЕСПЛОДНЫ ВСЕ ЗАГОВОРЫ ВСЕМИРНОЙ БУРЖУАЗИИ.

К 4ой ГОДОВЩИНЕ ОКТЯБРЯ

「我們沒有發動針對個人的戰爭。我們消滅資產階級作為一個階級。不要去檔案中尋找罪證，查看被告是否以武器或言論起來反抗蘇維埃，而要去問他屬於哪個階級、他的背景、教育、職業是什麼。這些才是決定被告命運的問題。這就是紅色恐怖的涵義和本質。」

——烏克蘭契卡副主席馬丁 • 拉特西斯，《赤色恐怖報》

（左頁圖）**戰無不勝的布爾什維克**：這是一張來自沃羅涅日省的宣傳海報，以黑色和手工彩色印刷於 1921 年的十月革命四周年。海報上的文字為：「要知道世界資產階級的破壞企圖是沒有用的。」

（258 頁圖）**「帝國主義的死亡」**：1919 年的諷刺傑作。（藝術家 /Dmitrii Moor）

（259 頁圖）**「世界資本主義者聯合起來！」**：1920 年出版的海報。副標題：「黃色國際。」藝術家維克多 • 德利邪惡地攻擊了新成立的國際聯盟。十四年後，蘇聯改變了他們對聯盟的看法，並加入了它，以期在德國、義大利和日本退出後的反軸心聯盟。

СМЕРТЬ МИРОВОМУ
ИМ_ЕРИАЛИ__МУ

列寧的饑餓地獄

列寧要打造一個饑餓地獄。在幾個月內「引進」社會主義，在幾年內實現共產主義。

對列寧來說，只有擁護蘇維埃政權的那部分人才能進入共產主義。但如何揀選那部分人呢？對人的消化器官 —— 胃做一個饑餓的革命實驗：先請胃進入共產主義。

●●●

1919 年 1 月 11 日，布爾什維克頒布餘糧收集制法令，強令農民交出生存量之外的所有糧食，來填飽內戰期間城市居民和工農紅軍的肚子。但大多數農民拒絕接受這種野蠻的掠奪，他們能做的，就是以無辜的方式將農作物產量降至最低來進行消極對抗，也不願被憎惡的布爾什維克人沒收。因此，收穫不足和饑餓之間沒有安全餘地。緊接著，旱災在 1920 年和 1921 年之間接連襲擊了伏爾加河地區。灼熱的太陽曬裂了土地，使農作物無法生長。而蝗蟲和寄生蟲則吞噬了植被和糧食的最後痕跡。

布爾什維克剝奪糧食和饑餓輪番上陣，殺死了成千上萬的缺糧的農民。那些不甘坐以待斃的人，以及無家可歸的孤兒，最後選擇連根拔起去逃難。但列寧認為那些經不起饑餓揀選而逃難的人，是給世界上的第一個社會主義國家丟臉。為了切斷難民前往俄羅斯首都莫斯科以及各大城市的路徑，列寧在 1921 年 6 月 1 日簽署了《關於制止難民流竄的決議》，決議中稱：未經中央許可，「絕對禁止任何機關給難民發放」到莫斯科的通行證，並禁止交通部門「調撥車輛」載運難民，違反者「均須嚴厲追究責任，直至交付革命法庭審判」。難民像牲口一般被拴死在其原籍。然而，饑荒的毀滅性已讓蘇維埃政府再也無法隱瞞下去了。1921 年 6 月 26 日，《真理報》宣布，俄羅斯和烏克蘭部分地區的二千五百萬人正在挨餓，其中大多數是農村貧困人口，許多人因傷病，霍亂或傷寒而受害。俄罗斯社会学家皮·索羅金在回忆录《漫長的旅途》中寫道：「看著標出了收成差或根本顆粒無收的省份的地圖，我們說，如果世界各國不援助的話，至少有二千五百萬人要在冬天餓死。……沒有一個省有剩餘糧食。」

1921 年 7 月，俄羅斯最著名的作家高爾基就災情向歐洲的一些公眾人士發出電報，並求助於赫伯特·胡佛，他在第一次世界大戰之後建立了美國救濟署向歐洲提供食品和藥物，以幫助緩解災難性的

局勢。胡佛，未來的美國總統，沒有布爾什維克的朋友，慷慨答應援助，是出於人道主義的考慮；在歐洲和美國的一些非政府組織也伸出了援手，紛紛出錢出糧出物，來拯救難民。美國救濟署在高峰期每天餵養一千四百萬名饑餓人群，為他們服務並提供藥物來對付這些流行病。高爾基對胡佛和美國人的努力讚不絕口，但不幸的是，列寧只是指控他們從事間諜活動。

●●●

饑荒仍在不斷地蔓延，似乎要殺死一切會動的生物。俄罗斯社会学家皮·索罗金坐不住了。他搁置了正在写作的书，决定与学生和同事一起「直接研究革命的一個典型現象 —— 饑餓」，「研究饑餓對人的行為、社會生活和社會組織的影響」。索羅金以前把自己當作觀察對象來研究城市裡的饑餓現象，現在他「有了一望無際的實驗室 ——饑餓的俄羅斯鄉村」。

1921 年 8 月 2 日，列寧不得不轉向國際無產階級求助。8 月 6 日，蘇維埃政府正式向世界通報了收穫欠佳的情況。「非常不幸，」蘇維埃政府說，「我們沒有足夠的農具和牲口耕種土地。」這年冬天，社會學家皮·索羅金到薩馬拉省和薩拉托夫省災區以研究大規模的饑餓現象。他在一些農村看到的是「死一般的沉寂」的村莊，「所有動物都被吃光了」。他在白雪覆蓋的街道上看到一乘雪橇吱吱嘎嘎地朝他們走來，一個男人和一個女人拉著雪橇，雪橇上是一具小夥子的屍體。他看到的是臉色蒼白而又青紫，還帶有黃斑的「三個活生生的骨頭架子」。這兩人是要把屍體拖到一個穀倉存放。此時，穀倉裡已經裝滿了：「地上放了十具屍體，其中有三具是孩子。」

許多難民變成掠奪性動物，有些家庭在吃光死老鼠、狗和貓的屍體之後，開始公開剝奪一些人的生命，煮食他們的屍體。受災的村民告訴索羅金，他們必須把屍體鎖起來，以免有人「偷了吃」，村子裡專門派人看守墓地，「以防有人把屍體從墓裡拖出來」吃了。村民還稱，前幾天，鄰村一個母親把自己小孩子殺了，「切開他的腿煮著吃了」。

索羅金認為在這些可怕的省份「瞭解到的東西超出了任何科學實驗」。甚至他在「革命年代已經習慣於很多可怕事物的神經系統都受不了」他在「荒蕪的國度裡數百萬人真正挨餓的場景」。

索羅金與學生和同事，在伏爾加河流域遊蕩後回到彼得格勒過了很久，一直都不能遺忘耳聞目睹的慘狀。他覺得《摩西五經》裡的一

個古老的詛咒一直在他腦海裡縈繞：「你在城裡必受詛咒，在田間也必受詛咒。你身所生、你地所產、你的牛所產仔畜和你的羊所產的毛都必受詛咒。主必賜你詛咒、不幸和疾病。你必吃你身所生，也就是你的兒女之肉。」

●●●

但是，人相食的案件，通常並不被視為一種真正的罪行，而被認為是一種必不可少的生存手段。蘇維埃政府對此行為採取的對策是視而不見。共產主義要的就是這種胃口棒的人。

餓殍遍地，不僅沒有拖累列寧政權，反而令他從中看到了商機。1922 年 3 月 19 日，列寧致中央政治局成員一封絕密信件，內容是要求把饑荒看作一種難得的機遇，可以借此來向教堂、修道院和有錢的資產階級人士搜刮錢財，並且讓整個俄羅斯人民在「幾十年」內都不會忘記，只有愛戴蘇維埃政權的人才有資格活下來。這封信件警告「禁止以任何方式複製副本」，有問題可以直接寫在信件上。信中如是說：

> 「對於我們來說，正是在這個時刻，這不僅是非常有利的，而且在一般情況下，我們能夠在一百次的機會中完成九十九次粉碎敵人的頭腦，來提供確保我們未來幾十年的立場的唯一時刻。現在，只有現在，當人們在饑餓地區等待食物的時候，幾百甚至上千的屍體躺在路上，我們可以（因而必須）以最無恥和無情的力量來執行沒收教會財富的指令，不得有任何方式的抵制和阻礙。現在，只有現在，絕大多數農民群眾，要麼為我們服務，要麼想要同暴力抵制蘇維埃法令的黑社會神職人員和反動的城市社會主義者一樣。…… 在黨的大會上，…… 就這一問題，要安排所有代表參加秘密會議。在這次會議上，要秘密地做出決定，扣押貴重物品，特別是最有錢人的桂冠、修道院和教堂，毫無疑問，必須野蠻殘忍地進行，絕對不能停下來，要不惜一切代價。在最短的時間內，把反動資產階級和反動神職人員的代表們進行射殺，射殺得越多，我們就能更好地統治下去。」

列寧對發動世界社會主義革命將整個地球共產主義化的熱情，遠

遠超過了他對自己的人民的憐惜之情。布爾什維克從教堂、修道院和有錢人那兒攫取來的大量錢財，不僅沒有用來購買食物餵養自己的人民，反而大量出口糧食，甚至還在美國政府決定向俄羅斯的飢餓者提供重大援助來拯救他們生命的時候，列寧和中央委員會竟然秘密派發出了大量的黃金來資助世界各地的赤色革命運動、哺育新生的共產黨和共產黨政權的不斷壯大。來自駐柏林的美國大使館參贊報告稱：德國政府從俄羅斯購買了一百四十萬蒲式耳的小麥，它將要從黑海港口運出。報告還進一步指出，從黑海的敖德薩和新羅西斯克出口糧食，在芬蘭邊界出口了數千噸糧食。

美國《時代》雜誌於 1923 年 3 月 3 日報導稱，俄羅斯在 1922 年有二千二百萬人無法養活。而今年美國救濟署估計俄羅斯仍將有一千三百萬張嘴巴挨餓。事實表明，蘇聯政府更鍾愛出口糧食換取外匯，而非照顧自己的人民。該雜誌對此評論道：「只有一個結論，蘇聯政府傾向於把饑餓的農民的糧食出口。…… 通過出口人民的生命血液來維持一個經濟上臃腫的國家。」

●●●

列寧的饑餓地獄，吞噬了他不想要的人。

根據官方統計，在 1921 年至 1922 年間，伏爾加河流域的饑荒覆蓋了全國三十五個省（伏爾加河地區、南烏克蘭、克里米亞、巴什基爾、哈薩克斯坦、烏拉爾和西西伯利亞的部分地區），總人口達九千萬人，其中至少有四千萬人挨餓。饑荒的高峰發生在 1921 年秋天和 1922 年春天。但從 1920 年秋天到 1923 年夏天開始，某些地區的大規模饑餓情況也被記錄了下來。

饑荒時期的損失難以確定，因為沒有人能準確計算遇難者。史學界認為饑荒的受害者人數至少為五百萬。這是中世紀以來歐洲歷史上最大的災難，也是蘇聯國家歷史上的第一場大饑荒。「布爾什維克無法在地球上創造天堂。」蘇聯哲學家德・沃爾科戈諾夫寫道，「但他們設法快速創造地獄。」

КРАСНАЯ
МОСКВА
СЕРДЦЕ
ПРОЛЕТАРСКОЙ
МИРОВОЙ РЕВОЛЮЦИИ
РСФСР

RED
MOSCOW
the
heart
of the World
Revolution

「如果列寧可以在死後追蹤他的命運，他會滿意地注意到，他在人間寫下的最新的文章中所表達的想法實際上已經實現了。」

——蘇聯哲學家德·沃爾科戈諾夫

(左頁圖)「**紅色莫斯科 —— 世界的心臟**」：由莫斯科高等專業藝術工作室繪製的雙語海報，在 1921 年出版。列寧為了推動世界革命和實現共產主義，從不在乎俄羅斯人民會因此死掉多少。他認為這是人類進入最美好的理想社會 —— 共產主義而必須付出的代價。

(後跨頁圖)**艱困塵世**：1920 年，彼得格勒。無家可歸者、赤貧者和最近刑滿釋放人員宿舍的睡眠狀況。

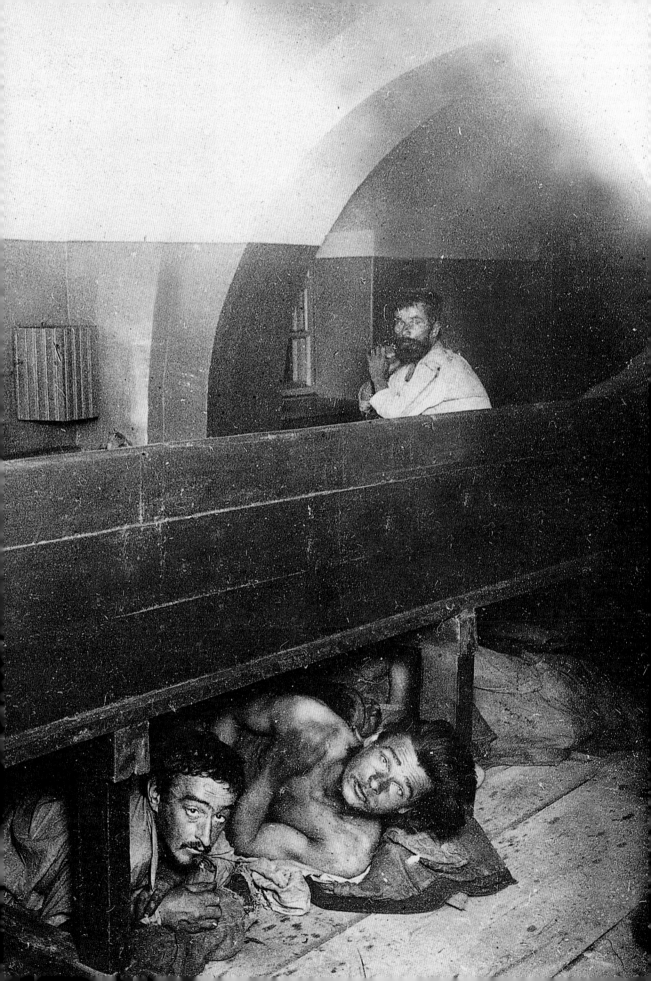

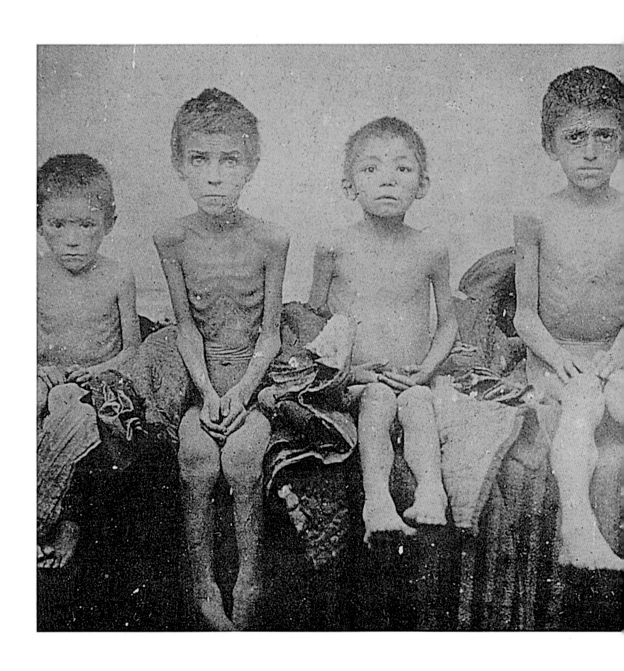

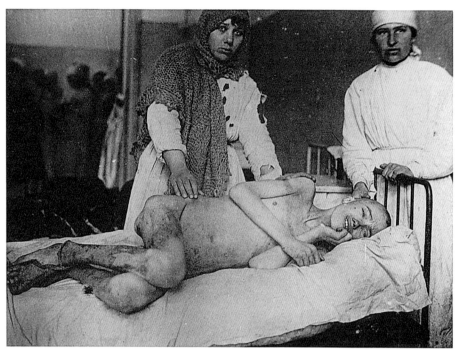

（前跨頁圖）**可靠的童兵**：內戰、饑荒和布爾什維克的剝削，製造出成千上萬無家可歸的流浪兒童。1922 年，約有七百萬兒童遊蕩在俄羅斯街頭，生活在令人沮喪的地方，他們的存在取決於偷竊、乞討和兒童賣淫。

　　布爾什維克試圖通過在特殊機構中盡可能多的教育來打擊這種可怕的事態，但往往失敗了。數以千計的人被關在監獄或勞改營。大數也被徵召到紅軍。他們缺乏思想，因為他們看到的或在其短暫的生命的一部分是可怕的境況，一旦接受基本教育和教給他們軍隊的紀律，他們就會變成強壯的士兵。紅軍兒童士兵不夠溫暖，也許是互相攙扶著進行戰鬥。這些年輕的一代，被認為沒有沙皇俄國過去的污點，因此更可靠。（照片 /Moisei Nappelbaum）

（頂部圖）**胃病兒童**：在烏克蘭亞歷山大羅夫斯克，食物替代品造成了嚴重的胃病。

（左頁圖）1921 年，無家可歸的孤兒和饑餓的兒童受到照顧。

（後跨頁圖）在俄羅斯薩馬拉伏爾加鎮野營地的難民，這個難民營是由美國人出資建立的。

人食人：在大饑荒期間，烏克蘭的安德列 • 西米金（左一）：他殺了一個患斑疹傷寒的住客並吃掉了他；阿庫林娜 • 楚古諾娃（左二）宰了六歲的活著的女兒並吃了一半。在未來的日子裡，他們仍舊吃屍體的肉。

「俄羅斯人習慣受苦。但布爾什維克為他們所準備的苦難與他們歷史上的任何事情都無法相比。……布爾什維克政權從一開始就是犯罪者，從未關心人的生命價值。」

——蘇聯哲學家德·沃爾科戈諾夫

列寧的食人族

2009 年 7 月 26 日，一位網名叫做 KT315b 的俄羅斯人，將一組食人族的照片放到了網路論壇。這讓我們能夠一瞥 1920 年代俄羅斯伏爾加河地區大饑荒中的人間地獄。

這組照片是罕見而又令人驚駭的。KT315b 稱，這組照片是他的叔叔於 1960 年代在赤塔的一個研究所學習時，從一個女人陳舊的物品中發現的。他用照相機將這些照片翻拍並小心翼翼地藏匿了起來。一藏即數十年。

在一個偶然的機會裡，KT315b 找到了這些翻拍的照片。他從照片附帶的簡要資訊中得知，這些照片拍攝的是 1920 年代俄羅斯伏爾加河地區大饑荒中人相食的場景。KT315b 寫道：「這些照片被某個人攜帶著乘坐去符拉迪沃斯托克（海參崴）的火車，似乎要回到自己的家鄉。當他到達貝加爾時，被蘇聯內務人民委員部工作人員攔截住了。顯然，他沒有到達符拉迪沃斯托克（海參崴）。所以，這些照片都留在了赤塔。」

KT315b 猜測，這些照片可能是 1920 年代的日本記者或者間諜拍攝製作的。但是，我們根據以毛筆和墨水題寫在照片上的繁體中文解說文字來看，照片也有可能是中國人拍攝製作的。然而，拍攝這些照片的人都經歷了什麼，我們一無所知。恰如 KT315b 所寫：「現在要找到這個人，幾乎是不可能的。」

KT315b 還稱，這些照片掃描於 2005 年，提供給俄羅斯一家新聞雜誌，還附有一篇概述文章，但遺憾的是，這組照片最後沒有被刊登出來。這已經不重要了。

重要的是，這組距今一個世紀之遙的影像闖入了世人的眼簾。我們要向這位攝影製作者鞠躬致敬，正是這些寂寂無語的食人族的面孔，給列寧政權留下了無以言說的悲痛。

共產主義天堂，我們從未見過。但是共產主義地獄卻真的看到了。

（右頁圖）此張照片原圖註為：「難民餓急食人之人。」照片背面的簽字筆寫下的俄文為：「屍體的高度。他們的人民。永恆的肉和屍體。」

（278/279 跨頁圖）九個活著的人和堆積食用的屍體。此張照片原圖註為：「此項難民即一家人食人之象。」

（280/281 跨頁圖）此張照片原圖註為：「此坑專藏埋餓死難民之屍首。」

（282/283 跨頁圖）此張照片原圖註為：「母子交錯。」

（285 頁圖）此張照片原圖註為：「難民食人堆積人肉之象。」

（286/287 跨頁圖）此張照片原圖註為：「此項難民婦女餓急將難民之屍首每日食用。」

Людоеды мать и сын крест. с. Сучка Курбат...

雅民餓急食
人主人食

首尸之民雁死餓埋藏寺七

Б.С.Р. СВАЛКА В ЯN

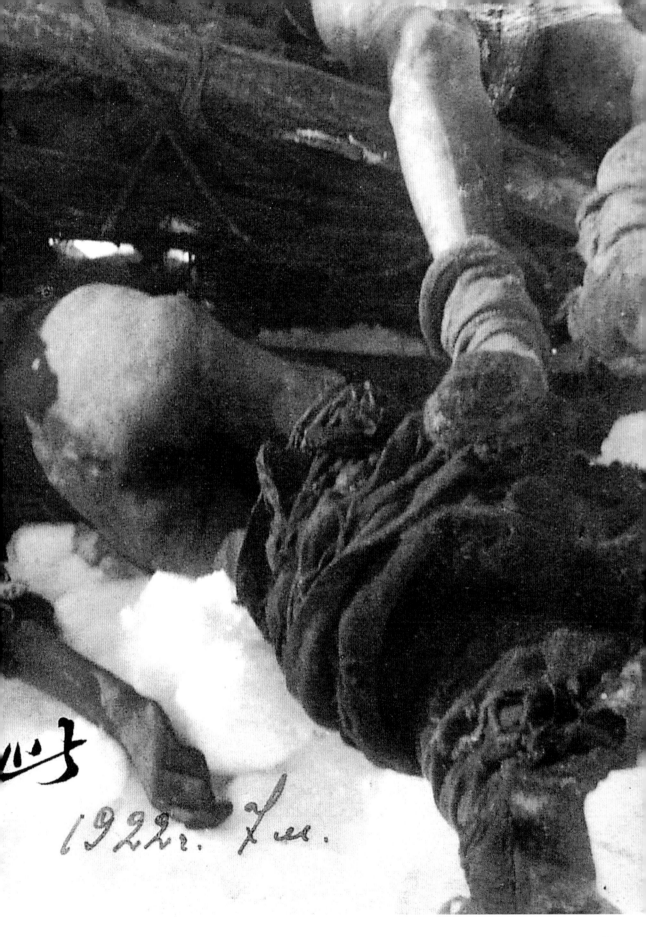

1922г. Хм.

ЧЕТЫРЕ ЛЮДОЕДКИ С
ОТОБРАННЫХ У НИХ Т

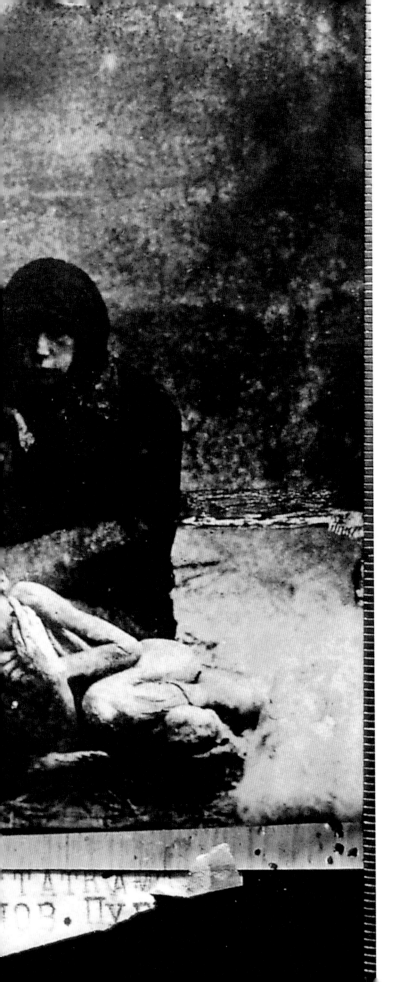

「列寧的社會創造出一種新的社會類型的人。」

——蘇聯哲學學家德・沃爾科戈諾夫

地上是令人作嘔的屍體，
躺在街道上，
在墓地露天腐爛。
在溝壑和垃圾填埋場，
切斷骷髏，剔除裡面的骨髓。
狼吞虎嚥的狗群咀嚼著手臂
和頭顱。在市場上，
果醬和罐頭香腸交易便宜。
羊肉售價 300，人肉售價 40。
靈魂比肉便宜得多。
母親們屠殺孩子，
用鹽醃制以備將來食用。
「我生了你，吃了你。
還有其他安靜的臉 ……」

—— 馬克西米利安 · 沃洛申那寫於 1923 年，哀悼伏爾加河地區 1920 年代大饑荒死
難者的詩歌《饑餓》

難民食人堆積
人肉之象

此墳難民婦女餓斃將難民
之屍首每日食用

「列寧的瘋狗」：1918 年 7 月，彼得格勒，季諾維也夫（拿著帽子）和斯維爾德洛夫（領帶）與參加全俄第五次代表會議的代表們留影。在這張最近於蘇聯檔案中發現的照片中，他們被視為人民的敵人。雖然他們被革命前的孟什維克認為是「列寧的瘋狗」，與加米涅夫一起反對十月政變政策。列寧在電話裡稱他們為「叛徒和革命破壞罷工者」。由於彼得格勒契卡領導人烏里茨基被暗殺和列寧的密切的電話，季諾維也夫擔任彼得格勒蘇維埃主席後，被扔進了盲目的恐慌。他擔心革命勝利後，對「資產階級分子」的鎮壓更加殘酷。他在彼得格勒發動了赤色恐怖活動，他宣稱：「生活在蘇維埃俄國的一億人口中，我們必須吸引九千萬追隨我們。剩餘的那些無法溝通的，他們必須被殲滅。」

季諾維也夫在 1927 年被驅逐出共產黨，因為他反對史達林，遭到兩次流放。他是莫斯科審判秀的首要被告之一，並於 1936 年被槍殺。白帽子的女人是羅莎．貝齊納。她是拉脱維亞突尼斯共產主義者闇．安東諾維奇．貝辛的妻子，他在二十世紀二十年代擔任過一些大使職務。貝齊納的確切命運是未知的，但她的丈夫於 1938 年在古拉格死亡。

悲慘下場：1918年初，布爾什維克上臺。人民委員會理事會會議在彼得格勒召開。從左至右：莫伊塞‧烏里茨基、列夫‧托洛茨基、雅各夫‧斯維爾德洛夫、格里戈里‧季諾維也夫和米哈伊爾‧拉舍維奇。烏里茨基當年晚些時候被社會主義革命者暗殺。斯維爾德洛夫1919年突然死亡。拉舍維奇1928年自殺。季諾維也夫在1936年莫斯科審判秀後被處決。托洛茨基1940年被史達林雇凶暗殺在墨西哥。

「在彼得格勒省的一個教區，列寧創造了一個不能沒有神化領袖的生活的體系。」

――蘇聯哲學學家德·沃爾科戈諾夫

死有餘辜：布爾什維克領導人複合海報。由中亞報紙《勞動報》在 1924 年出版，印刷了八萬張。海報展示了十七名官員，其中包括史達林，後來該組織中有八人被謀殺（不包括一次自殺）。最上排，從左到右：布哈林（1938 年槍斃）、季諾維也夫（1936 年槍斃）、列寧（1924 年死亡）、托洛茨基（1940 年暗殺）、托姆斯基（1936 年自殺）；第二排，從左到右：拉科夫斯基（1938 年槍斃）、契切林（1936 年死亡）、雷霍夫（1938 年槍斃）、史達林（1953 年死亡）、捷爾任斯基（1926 年死亡）；第三排，從左到右：葉努基澤（1937 年槍斃）、加米涅夫（1936 年槍斃）、加里寧（1946 年死亡）、盧那察爾斯基（1933年死亡）、伏龍芝（1925 年醫療謀殺）；前排，左：布瓊尼（1973 年死亡）。前排，右：謝馬什科（1949年死亡）。（藝術家 /Vara）

親密同志：一個沉悶的雕塑，基於剪接合成的照片在 1938 年製作，蘇聯當局試圖通過這種不分彼此的造型來證明史達林繼承列寧衣缽的合法性。1922 年 4 月 22 日，列寧設了個新職位 ── 黨的總書記，由史達林擔任此職。

當列寧在兩次遭受中風後，失去了言語能力，部分癱瘓了。由於史達林工作的粗暴和以野蠻的方式羞辱列寧的夫人克魯普斯卡婭，列寧在恢復意識後寫下他的政治遺囑，評估他的潛在繼任者作為黨的領導人的適用性。試圖將史達林從黨的總書記的位置上趕下來，他認為史達林反復無常的個性可能危及黨的未來。但史達林以他手中的權力飼養了一大批聽命於他的黨的官員，並在某種程度上隔絕了列寧與外界的聯絡。據信史達林還篡改了列寧的遺囑。

俄羅斯劇作家愛德華 • 拉津斯基在著作《史達林》寫道：「科巴是列寧的影子，是列寧在黨內最信任的人。列寧是政權，科巴是政權的受託人。…… 列寧是喜歡科巴的。他知道，托洛茨基和這些黨內知識份子只不過是竭力表現得殘忍罷了，他們這種殘忍是不自然的，歇斯底里的，如同他們對革命的愛一樣。…… 科巴殘忍得情真意切，為了革命，他不僅可以燒掉巴黎，還可以燒掉全世界。這就是科巴的形象，列寧如此喜歡這種形象。還有一個重要原因：真正的革命者科巴從來不忘記對虛假的革命者托洛茨基 ── 列寧永恆的兄弟與仇敵表示鄙視。」

*（後跨頁圖）***老布爾什維克：**1919 年 3 月，布爾什維克第八次代表大會在莫斯科召開。列寧告訴與會人員，蘇維埃國家與帝國主義國家肩並肩存在是不可想像的：「最後，一個或另一個必須征服。」七十年來，這張照片在蘇聯沒有完整地展示過。在二十名代表中，十一人被史達林殺死，三人以自殺抗議他的政策。

列寧的情人：列寧活了 54 歲，風流事有不少，但他愛過的惟一一個女人可能是伊涅薩·阿曼德（*上圖*）。伊涅薩，俄籍法國人，比列寧小 5 歲，兩度結婚，生下 5 個孩子。她與列寧於 1909 年在法國相識，此後長年陪伴他在國外。46 歲的伊涅薩在 1920 年死於霍亂。列寧在情人的葬禮上傷心得幾乎暈厥過去。據說列寧的妻子娜傑日達·克魯普斯卡婭從未對這位情敵表示出任何醋意，視伊涅薩為家庭一員，甚至還在自己的房間梳妝臺上擺放著她的照片，同時擺在一起的還有她的母親和列寧的照片。克魯普斯卡婭承認自己與列寧的關係僅僅是同志關係，而非夫妻關係。

革命伴侶：列寧的妹妹瑪麗亞 • 烏利亞諾娃渴望成為一名攝影師，於 1922 年 8 月底在莫斯科附近的鄉村高爾基拍攝了她哥哥和嫂嫂克魯普斯卡婭的照片。烏利亞諾娃透過取景器沒有看到嵌入物，它看起來像一把槍指著克魯普斯卡婭的頭。這似乎是一個不祥之兆：據信克魯普斯卡婭在 1939 年死於史達林授意的暗殺。

　　列寧在 1897 年流放西伯利亞蘇申斯克期間，參加一個流放朋友的婚禮時認識了克魯普斯卡婭。克魯普斯卡婭也因為同一罪案被流放在南烏拉爾的烏法。他倆同時向沙皇流放當局提出申請，請求將克魯普斯卡婭轉到列寧流放的地點結婚，這個請求得到了准許。在 1898 年 7 月，列寧和克魯普斯卡婭在一個教堂舉行婚禮。

　　列寧在流放期間的生活是近乎甜美和愜意的，除了家人給他寄錢外，沙皇政府還給每個流放者每月八個盧布津貼。列寧不僅不需要像囚犯一樣每天去勞動服苦役，還可以閱讀各種政治書籍和雜誌，並向新聞媒體投寄文章發表獲取稿酬。甚至允許和流放此地的其他革命同志自由往來，並討論將來如何推翻沙皇制度。他將自己的流放地和家人在瑞士的度假勝地斯匹茲相媲美。他在給家人的信中稱，「（流放生活）除了打獵、釣魚，就是游泳，大部分時間花在散步上」，「睡覺的時間特別長」，「住房和伙食令人滿意」。

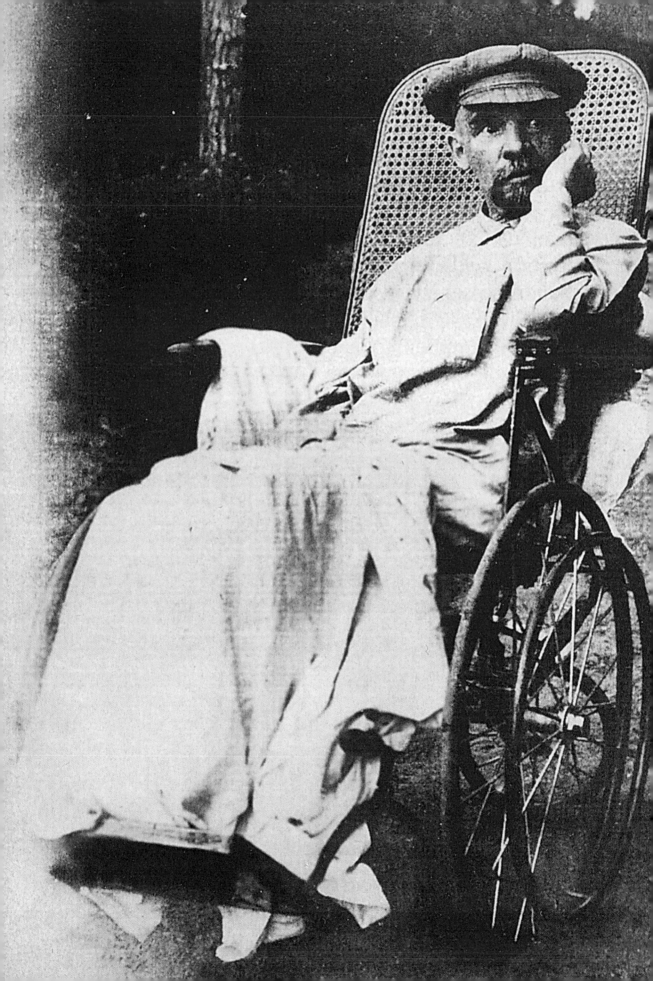

死神收割列寧：1923 年 3 月 9 日，列寧坐在輪椅上，講話很糟糕，狀態也差。自 1922 年 5 月遭受第一次中風以來，列寧大部分時間都在鄉村高爾基度過。他的妻子和妹妹以及許多秘書、醫生、護士和女傭都密切關注。政治局需要有人對他負全責；他們選擇了最近任命的史達林總書記。接下來還有兩次中風。

藝術家尤里 • 安南科夫，他在接下來的 12 月造訪了高爾基，為組建了布爾什維克的領導人列寧繪畫（克魯普斯卡婭阻止了他），他被震撼：「列寧裹著毯子半靠在躺椅上，呆笑著木然望著我們，只能作為他得的那種病的活標本，而不是作為一個肖像模型。」

1924 年 1 月 21 日下午六時，列寧的體溫急劇上升。他遭受了一系列暴力抽搐，陷入昏迷。他在下午六時三十分宣佈死亡，享年五十四歲。列寧死後，他的屍體被帶到了莫斯科。在莫斯科人所知道的最寒冷的冬眠之中，成千上萬的哀悼者，流著的淚水在他們的臉頰上迅速結成冰，耐心排隊等待瞻仰他們在開放式棺木中的領袖。

關於列寧真正的死因，史學界存在著五種不同的說法：一種說法是列寧死於中風；一種說法是在刺客卡普蘭擊中的一顆留在體內的子彈成為奪取列寧生命的原因；一種說法是列寧死於家族遺傳的血管病與動脈粥狀硬化；一種說法是列寧被史達林毒死；最後一種說法是列寧死於性傳播導致的梅毒。據蘇聯解體後公開的大量絕密檔案以及俄國史研究專家稱，列寧可能是 1902 年從巴黎妓女那兒染上性病。列寧從二十五歲起即接受性病梅毒的治療，在他去世前仍大劑量使用碘化鉀和沙爾凡森這兩種在當時專治梅毒的藥物。有專家根據解密的病歷和處方推斷說，列寧是死於神經性梅毒造成的腦功能嚴重受損而陷入癡呆，最終病毒侵犯神經系統而致死。而這恰好解釋了列寧與克魯普斯卡婭在二十八歲時結婚，但卻終身沒有子嗣的原因。英國的俄國史研究學者海倫 • 雷帕波特告訴英國《每日郵報》說：「許多克里姆林宮的領導、醫生和科學家都相信，列寧死於梅毒，但是幾十年來，這是一場沉默的陰謀。」

「革命實驗室」：「除了工廠、兵營、村莊、前線和蘇維埃之外，革命還有一個實驗室，即列寧的腦袋（托洛茨基語）。」這是一位藝術家製作的列寧正在奮筆疾書的雕像。從 1893 年起到 1923 年春腦動脈硬化使列寧既不能講也不能寫為止，總計出版了六十卷《列寧全集》，據稱翻譯為中文的字數達二千七百六十八萬。一些掌握國家政權的共產黨將其翻譯為本國文字，來指導如何施展鐵腕手段和推進世界革命運動。美國作家路易士•費希爾在著作《列寧的一生》中寫道：「列寧在這將近五十四歲的一生中，他沒有留下一個兒女。但他在全世界卻有著許許多多思想上的繼承者和千百萬政治上的子孫。」

（右圖）死亡面孔：由雕塑家謝爾蓋•默克洛夫製作的列寧的死亡面孔。俄羅斯劇作家愛德華•拉津斯基在著作《史達林》中寫道：「列寧死後，畫家安南科夫在列寧研究所工作，在那兒看到了盛放列寧大腦的玻璃罐。他覺得很驚奇：大腦的一個半球是健康的、豐滿的，另一半就像掛在一根細細的帶子上的那樣，縮得很厲害，不比一顆核桃大。」

（304/305 跨頁圖）凜冽的葬禮：在莫斯科紅場，百萬人民排隊跟列寧的遺體告別。

（306/307 跨頁圖）列寧陵墓：1924 年，在克里姆林宮旁的紅場上，修建了木結構列寧陵墓來安放列寧的遺體以供膜拜者瞻仰。後來，又在 1929 年至 1930 年使用大理石和花崗岩等材質重建了永久性的陵墓，除了供奉列寧的木乃伊屍體外，還作為蘇共中央政治局、蘇聯政府與軍隊領導人及特邀嘉賓們在紅場舉行各種慶祝活動的觀禮的檢閱臺。將列寧木乃伊化是黨的總書記史達林的主意。共產主義宗教需要一個膜拜的赤神。蘇聯哲學家德•沃爾科戈諾夫在著作《列寧》中寫道：「列寧自己創造了自己的醜惡陵墓。」

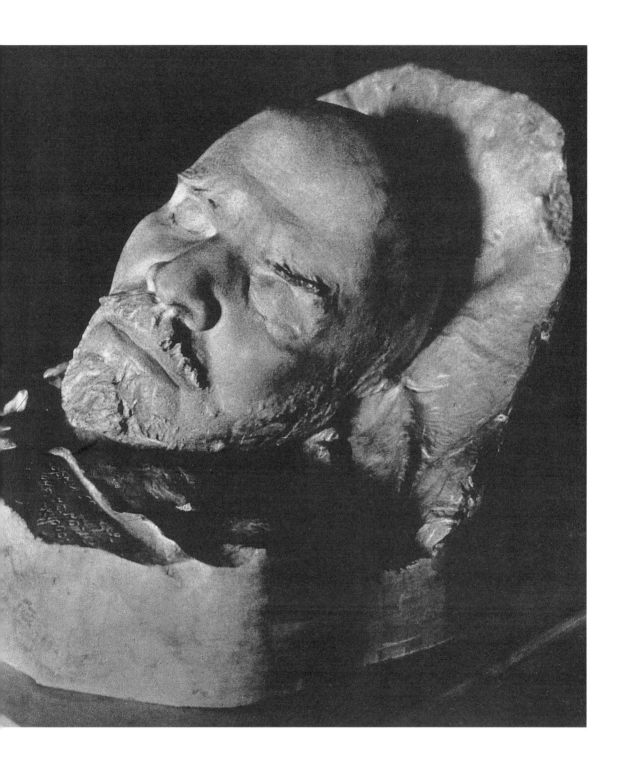

進軍宇宙：列寧乘著共產主義戰車似乎要衝出地球翱翔宇宙的圖像發表在新聞雜誌《紅色憲報》封面上，1927 年在列寧格勒出版。列寧死亡後，為了紀念他，蘇共將布爾什維克奪取政權之地 —— 彼得格勒改名為列寧格勒。在現實生活中，列寧是一個謙虛而勤奮的人，憎恨與人格崇拜有關的任何事情。（藝術家 / Nikolai Kochergin）

(310/311跨頁圖) **紀念我們隕落的領袖**：這是一位藝術家為大開本的專輯《紀念我們隕落的領袖》設計的封面和封底，1927 年在莫斯科出版。其中，布哈林和史達林記得列寧；一個特別殘忍的契卡雅各夫 • 彼得斯對他的老闆捷爾任斯基進行了溫暖的回憶；克魯普斯卡婭寫了關於伊涅薩 • 阿爾芒（列寧的情婦）的生活，包括她和列寧的友誼。（藝術家/ Gustav Klutsis）

(312 頁圖) **「堅定不移的工農聯盟萬歲！十月革命勝利七周年。」**：這張宣傳海報在 1924 年發行。（藝術家 /Ivan Simakov）

(313 頁圖) **壓榨列寧**：於 1939 年製作的集錦照片裡，史達林滿臉悲痛地在列寧的葬禮上。站在棺材前的兩位紳士是捷爾任斯基和伏羅希洛夫。列寧密封在安全的石棺裡，野蠻人的自相殘殺可以認真地開始了。史達林的首要任務是通過創建一個投機取巧的結盟網路，消除列寧的盟友「老布爾什維克」。史達林也封鎖了列寧的政治遺囑（關於在他去世後黨的未來，包括史達林被免職總書記的要求的說明）並試圖使列寧的黨成為他自己的黨。托洛茨基曾稱這一時期為「陰謀的支持者」。一系列的疾病使托洛茨基很難建立起一個協調一致的反對派。

(314/315跨頁圖) **親密戰友**：馬克思和恩格斯的合成照片。馬克思早年是基督徒，後來成為虔誠的撒旦教徒。他將脫胎於陰暗幫派 —— 光照幫的共產主義和資本主義視為一對不共戴天的宿敵，認為必須「說出對全人類的詛咒」、「喚醒人們心中的魔鬼」，摧毀整個世界，來建立屬於他自己的邪惡的理想國，並「與造物主平起平坐」。而恩格斯則認為必須以暴力進行「美味的復仇」，徹底將「整體反動民眾從地球表面消失」。

馬克思崇尚暴力、鼓吹革命、煽動仇恨的理論學說，受到恩格斯的狂熱崇拜。他們最親密的共同點是私生活糜爛。恩格斯不僅為馬克思提供了數額龐大的財務支援，還繼承了馬克思和他的女僕海倫的私生子。他們共同撰寫了共產黨的綱領性文獻《共產黨宣言》，否認人的個性價值，堅稱人類的歷史都是階級鬥爭的歷史。

德國社會民主主義活動家考茨基在著作《社會民主主義對抗共產主義》中寫道：「馬克思最怕的是把他的學派墮落成為一個頑固的宗派。恩格斯也懷著同樣的戒心。他的科學著作和他的朋友馬克思的著作是不可分地連接在一起的。所以每當我們談到馬克思主義時，我們總是要牢牢記住，我們所說的是馬克思和恩格斯兩個人。恩格斯對英國初期的馬克思主義者所做的最嚴厲的譴責，就是他們以宗派主義的精神來運用馬克思主義。如果他活著看到，一個馬克思主義的學派，在奪取了國家政權之後，就把馬克思主義變成國教，這個宗教的信條及其解釋都受到政府的監督，對於這個宗教的批評，甚至一點點最微末的偏差，都要受到國家的嚴厲處罰；這樣一種馬克思主義，以西班牙宗教裁判的方法來實行統治，以火刑和屠殺來進行宣傳，實行一種戲劇性的儀式（例如列寧屍體的防腐保存）；這樣一種馬克思主義不僅僅降到了一個國教的地位，而且是降到了中世紀或東方迷信的地位：如果恩格斯活著看到這些，他該會說些什麼呢？」

ПАМЯТИ
ПОГИБШИХ
ВОЖДЕЙ

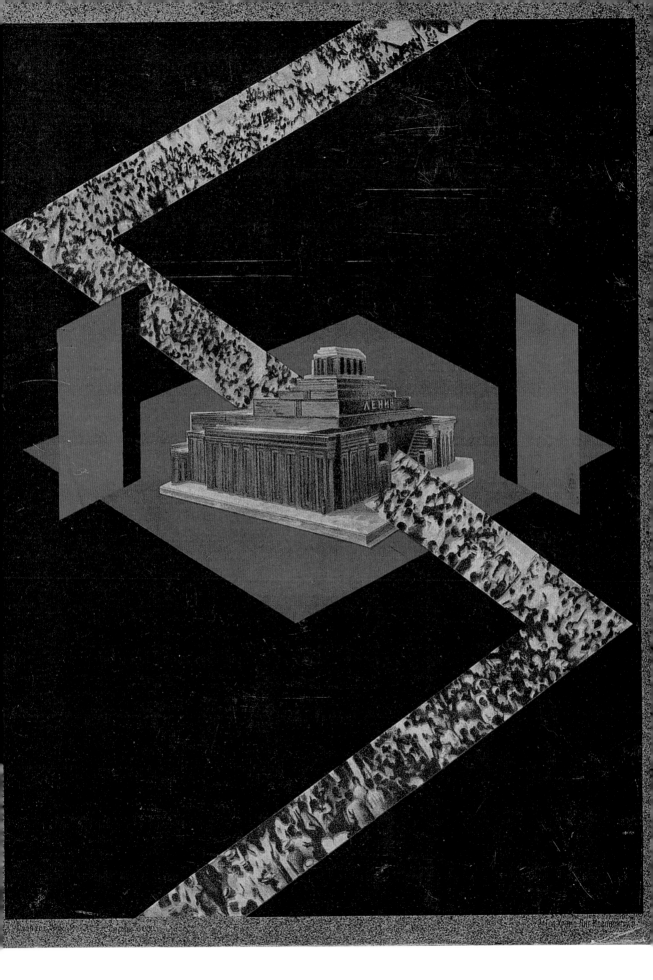

К 7ОЙ ГОДОВЩИНЕ ОКТЯБРЬСКОЙ ПОБЕДЫ

VIII

VII

VI

ДА ЗДРАВСТВУЕТ НЕРАЗРЫВНЫЙ ЖЕЛЕЗНЫЙ СОЮЗ РАБОЧЕГО КЛАССА С КРЕСТЬЯНСТВОМ!

21 ЯНВАРЯ 1924 г. В ГОРКАХ, ПОД МОСКВОЙ, УМЕР ВОЖДЬ И УЧИТЕЛЬ УГНЕТЕННЫХ ВСЕГО МИРА, СОЗДАТЕЛЬ БОЛЬШЕВИСТСКОЙ ПАРТИИ И ВЕЛИКОГО СОЦИАЛИСТИЧЕСКОГО ГОСУДАРСТВА — ВЛАДИМИР ИЛЬИЧ ЛЕНИН.

«РАБОЧИЙ КЛАСС ВСЕГО МИРА ВСТРЕТИЛ ВЕСТЬ О СМЕРТИ ЛЕНИНА, КАК САМУЮ ТЯЖЕЛУЮ УТРАТУ. В ДЕНЬ ПОХОРОН ЛЕНИНА МЕЖДУНАРОДНЫЙ ПРОЛЕТАРИАТ ОБЪЯВИЛ ПЯТИМИНУТНУЮ ОСТАНОВКУ ВСЕХ РАБОТ. ОСТАНОВИЛИСЬ ЖЕЛЕЗНЫЕ ДОРОГИ, ОСТАНОВИЛАСЬ РАБОТА НА ЗАВОДАХ И ФАБРИКАХ. ТРУДЯЩИЕСЯ ВСЕГО МИРА С ГЛУБОЧАЙШЕЙ СКОРБЬЮ ПРОВОЖАЛИ В МОГИЛУ СВОЕГО ОТЦА И УЧИТЕЛЯ, ЛУЧШЕГО ДРУГА И ЗАЩИТНИКА— ЛЕНИНА».

ИСТОРИЯ ВКП(б). КРАТКИЙ КУРС.

Воззвание ЦК РКП(б) о смерти В. И. Ленина.

МАРКС и ЭНГЕЛЬ

ФОТО-КАЛЕНДАРЬ на 1933 г.

ПРИЗРАК БРОДИТ
ПО ЕВРОПЕ,

ЗРАК КОММУНИЗМА

（前跨頁圖）「一個幽靈，共產主義的幽靈，在歐洲大陸徘徊」：這張宣傳海報大約在 1924 年於莫斯科發行。
這個「一個幽靈，共產主義的幽靈，在歐洲大陸徘徊」的口號是從馬克思和恩格斯的《共產黨宣言》中拿來的。
這張海報是列寧早期作為偶像崇拜的例證，是以 1920 年 5 月 5 日列寧對紅軍的演講的照片為依據製作的。

蘇聯哲學家德 • 沃爾科戈諾夫在著作《列寧》中寫道：「列寧的視野無法覆蓋社會發展的最遙遠的地平線。
他經常直視他的腳下。……他的一個巨大的國家的實驗，隨著時間推移，最終變成了古拉格集中營的祖國。」
(藝術家 /Valentin Shcherbakov)

瞻仰木乃伊：藝術家 Антонян 繪製的蘇聯人民去列寧陵墓瞻仰列寧木乃伊的繪畫作品。蘇共要將列寧主義樹立為國教。美國作家路易士 • 費希爾在著作《列寧的一生》中寫道：「克里姆林宮不僅過去需要列寧，現在仍然需要列寧，因為蘇聯如今是一個強大的國家，管理著這個國家的是一個擁有無限權力的政府，而人民對這個政府的支持卻是軟弱無力的，因為它不相信自己的少數民族，不相信農民，不相信青年和知識份子。因此列寧也就被用來作為一位極有智慧的、極受歡迎的、永垂不朽的和絕對正確的聖哲和聯結蘇維埃人的一個環節。…… 一個反對崇拜聖像的人變成了聖屍。而千百萬人排著長隊去往陵墓，為的是對這個肉體沒有腐爛的怪物驚奇一陣。」

БЕССМЕРТНЫЙ ВОЖДЬ ОКТЯБРЯ
ЛЕНИН
УКАЗАЛ НАМ ПУТЬ К
ПОБЕДЕ
ДА ЗДРАВСТВУЕТ
ЛЕНИНИЗМ

К 7-ой ГОДОВЩИНЕ ОКТЯБРЬСКОЙ ПОБЕДЫ.

共產黨的恥辱：這是蘇聯藝術家丹齊克 • 巴爾丹夫在布里亞特蒙古蘇維埃社會主義自治共和國 Dzhidastroy 懲治勞動營所繪製的 1960 年代反共產主義的紋身。骷髏暗藏著十月革命的神偷密令。在木牌上的文字為：「九千萬人死亡。」骷髏肩帶上的文字為：「共產主義者，懺悔吧！！！！」底部的文字為：「打倒共產黨！」

（左頁圖）**「列寧主義萬歲，世界社會主義萬歲！」**：「十月的永恆領袖列寧向我們展示了勝利之路。列寧主義萬歲！」這是一張 1924 年在莫斯科印刷發行的十月革命海報。藝術家未知。

「俄羅斯人的最大不幸是列寧的降生，但下一個不幸卻是列寧的離世。」

——溫斯頓·邱吉爾

列寧在講臺上：這是蘇聯官方藝術家亞·米·格拉西莫夫在 1930 年繪製的布面油畫，是蘇聯美化列寧形象最具標誌意義的作品。畫面上列寧站在高高的講臺上，蔚藍色的天空襯托出他前傾的身軀，飄動的紅旗增強了這種動感，廣場上是人群和旗幟組成的海洋。

弗拉基米爾·伊里奇·烏里揚諾夫以列寧的名義，在他五十四歲的大部分時間於異國流亡，但他卻給我們的這顆星球提供了一個殘酷而無情的赤色恐怖的樣本：蘇聯。列寧講英語、德語、法語和俄語，可以讀義大利文、瑞典文和波蘭文。他畢生的希望是致力於將一億四千萬人從一個殘酷和無能的暴政裡拯救出來。但詭異的是，被他拯救出來的一億四千萬人卻陷入了更加殘酷和無能的暴政裡，甚至整個世界的近半數人口也陷入了赤色恐怖裡了。

列寧以躁狂、邪惡和殺戮的理論學說摧毀了俄國，並改變了俄國、中國、東歐等眾多國家命運，致使千百萬人遭受到恐怖、殺戮與滅絕，更奠定了國家恐怖主義基礎，讓世界格局走向另外一條幻滅而又令人驚駭的軌道。列寧主義的實質是實施無產階級專政、煽動仇恨和暴力革命的綜合體。

列寧的繼任者以及他的理論學說的徒子徒孫們相信赤色恐怖永遠是統治地球的至尊法寶。在 1924 年 11 月 7 日十月政變七周年紀念日，列寧已不在現場，但他的鬼魂卻又無處不在。蘇聯首任國民教育人民委員會委員阿納托利·盧那察爾斯基在公開演說中咆哮道：「我相信俄羅斯人民及其後代將永遠承認，赤色恐怖是蘇聯歷史上最好的一頁。……赤色恐怖是絕對必要的。」

（後跨頁圖） **烈焰焚身**：這是蘇聯藝術家丹齊克·巴爾丹夫於 1985 年在列寧格勒莫斯科一零四大街 konyashin 第二十一號收容所所繪的背部紋身。該紋身是諷刺世界無產階級領袖列寧的漫畫，屬於一個名叫弗拉迪米爾的犯人。根據 1960 年的蘇俄刑法典第八十九條，他被判在沙拉庫沙和 Puskoozero 懲治集中營勞動十年。漫畫左邊天使下部文字為：「上帝審判世界無產階級領導人。」右邊天使下部文字為：「懲罰食屍鬼的老闆。」烈火下的這本書是馬克思的《資本論》。

„Божий суд над вождем мирово-го пролетариата."

„НАКАЗАНИЕ
ПАХАНА УПЫРЕЙ."

Владимир Ильич УЛЬЯНОВ (ЛЕНИН).

Конституция (основной закон) Российской Социалистической Федеративной Советской Республики. Раздел первый. Глава первая. I.) Россия объявляется республикой Советов рабочих, солдатских и крестьянских депутатов. 2.) Глава вторая. 3.) Ставя своей основной задачей уничтожение всякой эксплуатации человека человеком, полное устранение деления общества на классы, беспощадное подавление эксплуататоров, установление социалистической организации общества и победы социализма во всех странах. III Всероссийский Съезд С.Р.С. и К. деп. постановляет далее: а) В осуществление социализации земли частная собственность на землю отменяется и весь земельный фонд объявляется общенародным достоянием и передается трудящимся без всякого выкупа, на началах уравнительного землепользования. б) Все леса, недра и воды общегосударственнаго значения, а равно и весь живой и мертвый инвентарь, образцовые поместья и сельскохозяйственные предприятия объявляются национальным достоянием. в) Как первый шаг к полному переходу фабрик, заводов, рудников, железных дорог и прочих средств производства и транспорта в собственность советской рабоче-крестьянской республики, подтверждается советский закон о рабочем контроле и о высшем Совете народного хозяйства в целях обеспечения власти трудящихся над эксплуататорами. г) Как первый удар международному банковому финансовому капиталу III съезд Советов рассматривает советский закон об аннулировании займов, заключенных правительством царя, помещиков и буржуазии, выражая уверенность, что советская власть пойдет твердо по этому пути вплоть до полной победы международного рабочего восстания против ига капитала. д) Подтверждается переход всех банков в собственность рабоче-крестьянского государства, как одно из условий освобождения трудящихся масс из под ига капитала. е) В целях уничтожения паразитических слоев общества и организации хозяйства, вводится всеобщая трудовая повинность. ж) В интересах обеспечения всей полноты власти за трудящимися массами и устранения всякой возможности восстановления власти эксплуататоров декретируется вооружение трудящихся, образование социалистической красной армии рабочих и крестьян и полное разоружение имущих классов. Глава третья. 4.) Выражая непреклонную решимость вырвать человечество из когтей финансового капитала и империализма, заливших землю кровью в настоящей преступнейшей из всех войн, III съезд советов в настоящее всецело присоединяется к проводимой советской властью политике разрыва тайных договоров, организации самого широкого братания с рабочими и крестьянами воюющих ныне между собой армий и достижения во что бы то ни стало революционными мерами демократического мира трудящихся без аннексий и контрибуций, на основе свободного самоопределения наций. 5.) В тех же целях III съезд советов настаивает на полном разрыве с варварской политикой буржуазной цивилизации, строившей благосостояние эксплуататоров в немногих из избранных наций на порабощении сотен миллионов трудящегося населения в Азии, в колониях вообще и в малых странах. 6.) III съезд советов приветствует политику Совета народных комиссаров, провозгласившего полную независимость Финляндии, начавшего вывод войск из Персии, объявившего свободу самоопределения Армении. Глава четвертая. 7.) III Всероссийский съезд Советов Р.С. и К. депутатов полагает, что теперь момент решительной борьбы пролетариата с его эксплуататорами, эксплуататорам не может быть места ни в одном из органов власти. Власть должна принадлежать целиком и исключительно трудящимся массам и их полномочному представительству советам рабочих, солдатских и крестьянских депутатов. 8.) Вместе с тем, стремясь создать действительно свободный, добровольный, а следовательно, и более полный и прочный союз трудящихся классов всех наций России. III съезд советов ограничивается установлением коренных начал федерации Советских республик России, предоставляя рабочим и крестьянам каждой нации принять самостоятельно решение на своем собственном полномочном совете съезде, желают ли они и на каких основаниях участвовать в федеральном правительстве и в остальных федеральных Советских учреждениях. Раздел второй. Глава пятая. Основная задача, рассчитанная на настоящий переходный момент, конституции Российской Социалистической федеративной Советской республики заключается в установлении диктатуры городского и сельского пролетариата и беднейшего крестьянства в виде мощной Всероссийской советской власти в целях полного подавления буржуазии, уничтожения эксплуатации человека человеком и водворения социализма, при котором не будет ни деления на классы, ни государственной власти. 10) Российская республика есть свободное социалистическое общество всех трудящихся России. Вся власть в пределах Российской социалистической федеративной советской республики принадлежит всему рабочему населению страны, объединенному в городских и сельских Советах. 11) Советы областей, отличающихся особым бытом и национальным составом, могут объединяться в автономные областные союзы, во главе которых, как и во главе всяких могущих быть образованным и областных объединений вообще, стоят областные съезды советов и их исполнительные органы. Эти автономные областные союзы входят на началах федерации в Российскую Социалистическую Федеративную Советскую Республику. 12) Верховная власть в Российской социалистической федеративной советской республике принадлежит всероссийскому съезду советов, а в период между съездами — Всероссийскому Центральному Исполнительному Комитету. 13) В целях обеспечения за трудящимися действительной свободы совести, церковь отделяется от государства и школа от церкви, а свобода религиозной и антирелигиозной пропаганды признается за всеми гражданами. 14) В целях обеспечения за трудящимися действительной свободы выражения своих мнений, Р.С.Ф.С.Р. уничтожает зависимость печати от капитала и предоставляет в руки рабочего класса и крестьянской бедноты все технические и материальные средства к изданию газет, брошюр, книг и всяких других произведений печати и обеспечивает их свободное распространение по всей стране. 15) В целях обеспечения за трудящимися действительной свободы собраний, Р.С.Ф.С.Р., признавая право граждан советской республики свободно устраивать собрания, митинги, шествия и т.п., предоставляет в распоряжение рабочего класса и крестьянской бедноты все пригодные для устройства народных собраний помещения с обстановкой, освещением и отоплением. 16) В целях обеспечения за трудящимися действительной свободы союзов, Р.С.Ф.С.Р., сломив экономическую и политическую власть имущих классов, и этим устранив все препятствия, которые до сих пор мешали в буржуазном обществе рабочим и крестьянам пользоваться свободой организации и действия, оказывает рабочим и беднейшим крестьянам всяческое содействие материальное и иное к их объединению и организации. 17) В целях обеспечения за трудящимися действительного доступа к знанию, Р.С.Ф.С.Р. ставит своей задачей предоставить рабочим и беднейшим крестьянам полное, всестороннее бесплатное образование. 18) Р.С.Ф.С.Р. признает труд обязанностью всех граждан республики и провозглашает лозунг не трудящийся да не ест! 19) В целях всемерной охраны завоеваний великой рабоче-крестьянской революции, Р.С.Ф.С.Р. признает обязанностью всех граждан Республики защиту социалистического отечества и устанавливает всеобщую воинскую повинность. Почетное право защищать революцию с оружием в руках предоставляется только трудящимся, на нетрудовые же элементы возлагается отправление иных военных обязанностей. 20) Исходя из солидарности трудящихся всех наций, Р.С.Ф.С.Р. предоставляет все политические права российских граждан иностранцам, проживающим на территории Российской республики для трудовых занятий и принадлежащим к рабочему классу или к непользующемуся чужим трудом крестьянству и признает за местными советами право предоставлять таким иностранцам без всяких затруднительных формальностей права российского гражданства. 21) Р.С.Ф.С.Р. предоставляет право убежища всем иностранцам, подвергающимся преследованию за политические и религиозные преступления. 22) Р.С.Ф.С.Р., признавая равные права за гражданами независимо от их расовой и национальной принадлежности, объявляет противоречащим основным законам Республики установление или допущение каких-либо привилегий или преимуществ на этом основании, а равно какое бы то ни было угнетение национальных меньшинств или ограничение их равноправия. 23) Руководствуясь интересами рабочего класса в целом, Р.С.Ф.С.Р. лишает отдельных лиц и отдельные группы прав, которые используются ими в ущерб интересам социалистической революции. Раздел третий. Глава шестая. 24.) Всероссийский съезд советов является высшей властью Российской Социалистической Федеративной Советской Республики. 25.) Всероссийский съезд советов составляется из представителей городских советов по расчету 1 депутат на 25.000 избирателей и представителей губернских съездов советов по расчету: 1 депутат на 125.000 жителей. Примечание первое: в случае, если губернский съезд советов не предшествует всероссийскому съезду, то делегаты на последний посылаются непосредственно уездными съездами. Примечание второе: в случае, если областной съезд советов непосредственно предшествует всероссийскому съезду, то делегаты на последний могут быть посланы областным съездом. 26.) Всероссийский съезд советов созывается всероссийским Центральным Исполнительным Комитетом не реже двух раз в год. 27.) Чрезвычайный всероссийский съезд созывается всероссийским Центральным Исполнительным Комитетом по собственному почину или по требованию советов местностей, насчитывающих не менее половины всего населения Республики. 28.) Всероссийский съезд советов избирает В.Ц.И.К. в числе не свыше 200 человек. 29.) Всероссийский Ц.И.К. всецело ответственен перед всероссийским съездом советов. 30.) В период между съездами высшей властью Республики является всероссийский Центральный Исполнительный Комитет. Глава седьмая. 31.) В.Ц.И.К. является высшим законодательным, распорядительным и контролирующим органом Р.С.Ф.С.Р. 32.) В.Ц.И.К. дает общее направление деятельности рабоче-крестьянского правительства и всех органов советской власти в стране, объединяет и согласует работы по законодательству и управлению и наблюдает за проведением в жизнь советской конституции, постановлений всероссийских съездов советов и центральных органов советской власти. 33.) В.Ц.И.К. рассматривает и утверждает проекты декретов и иные предложения, вносимые Советом народных комиссаров или отдельными ведомствами, а также издает собственные декреты и распоряжения. 34.) В.Ц.И.К. созывает всероссийский съезд советов, которому представляет отчет о своей деятельности и доклады по общей политике и отдельным вопросам. 35.) В.Ц.И.К. образует Совет Народных Комиссаров для общего управления делами Р.С.Ф.С.Р. и отделы (народные комиссариаты) для руководства отдельными отраслями управления. 36.) Члены В.Ц.И.К. работают в отделах (народных комиссариатах) или выполняют особые поручения всероссийского Ц.И.К.

Портрет, выступающий на фоне текста первых 6 глав Конституции РСФСР.

Работа акад. Смоликова).

「在人類歷史上，還沒有人能夠設法以這樣的規模和代價來改變一個巨大的社會。列寧將俄羅斯變成了歷史的實驗場，創造了一個新的社會。這個新社會的主要特徵或許是單維度的。所有變化無窮的社會生活和精神生活、豐富文化、歷史傳統，數以百萬計的人的創造潛力，已經降低到僵硬的、清晰的、不妥協的列寧主義的思想範式。」

——蘇聯哲學家德・沃爾科戈諾夫

赤色宗教聖像：由藝術家斯摩利多夫使用 1918 年 7 月 10 日在第五次全俄蘇維埃代表大會通過的《俄羅斯社會主義聯邦蘇維埃共和國憲法》前六段文字製作的布爾什維克領導人列寧的准宗教畫像，於 1922 年在彼得格勒出版發行。

「對新社會的建設者來說，人們成群地像蒼蠅一樣自然（如他們所說）死去還不夠，赤色恐怖機器在不停息地運轉。彼得格勒、莫斯科以及全國的屍山每天每夜都在增高。……每天逮捕如此多人，修道院和學校都被改成監獄了。早上的時候誰也不知道自己到傍晚是否還是自由的。離開家的時候誰也不知道還能不能回來。蘇維埃俄羅斯四十七個省人口縮減了一千一百萬。」

——俄國社會學家皮‧索羅金

蘇聯國徽：1956 年 9 月 12 日啟用的第四版蘇維埃社會主義共和國聯盟國徽。在此之前的三版國徽圖案隨著加盟共和國的增減而修改。這一款國徽一直使用到 1991 年蘇聯解體為止。國徽為橢圓形，圖案中心繪的是：在一輪紅日的萬道光芒照耀下的地球。地球上有鐮刀和鐵錘的圖案，鐵錘象徵工人階級，鐮刀象徵農民階級，兩者組合是工農聯盟的標誌，也是共產黨的標誌。冉冉升起的紅日象徵人類光明的未來。地球的上方有一顆五角星。紅日、地球、五角星組成的主體圖案周圍有麥穗環繞，纏繞在麥穗上的飄帶有十五個加盟共和國的文字寫有「全世界無產者，聯合起來！」

KÕIGI MAADE PROLE-
TAARLASED, ÜHINEGE!
ՊՐՈԼԵՏԱՐՆԵՐ ԲՈԼՈՐ
ԵՐԿՐՆԵՐԻ, ՄԻԱՑԵ՛Ք
БАРДЫК ӨЛКӨЛӨРДҮН ПРО-
ЛЕТАРЛАРЫ, БИРИККИЛЕ!
ПРОЛЕТАРЬ ДИН ТОАТЕ
ЦЭРИЛЕ, УНИЦЬ-ВЭ!
БҮТҮН ӨЛКӘЛӘРИН ПРО-
ЛЕТАРЛАРЫ, БИРЛӘШИН!
БАРЛЫҚ ЕЛДЕРДІҢ ПРОЛЕ-
ТАРЛАРЫ, БІРІГІҢДЕР!
ПРОЛЕТАРЫІ ЎСІХ
КРАІН, ЕДНАЙЦЕСЯ!
ЕТАРІ ВСІХ
ЄДНАЙТЕСЯ!
ПРОЛЕТАРИИ ВСЕХ
СТРАН, СОЕДИНЯЙТЕСЬ!

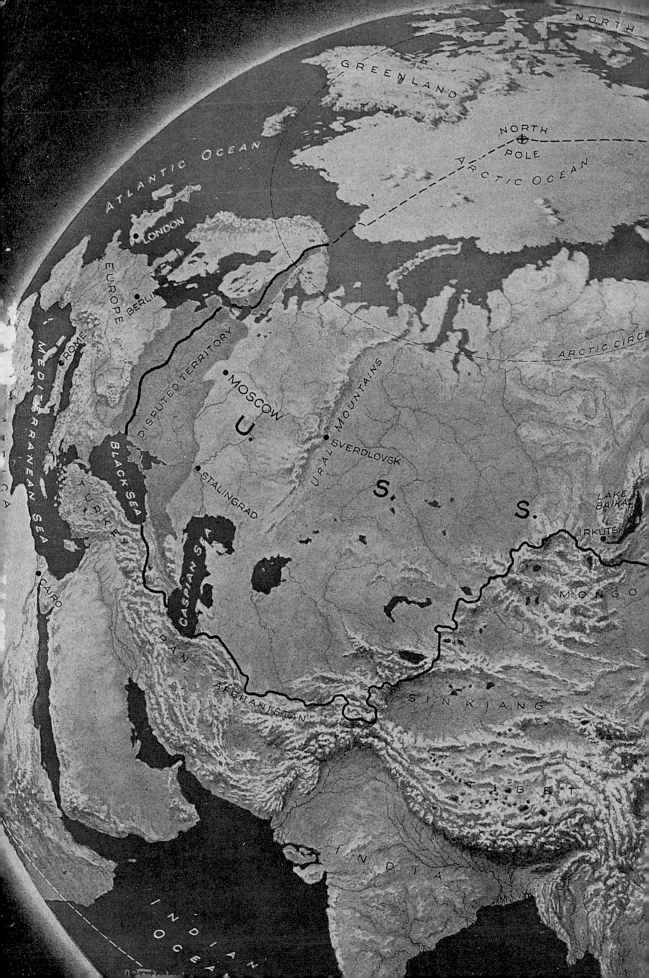

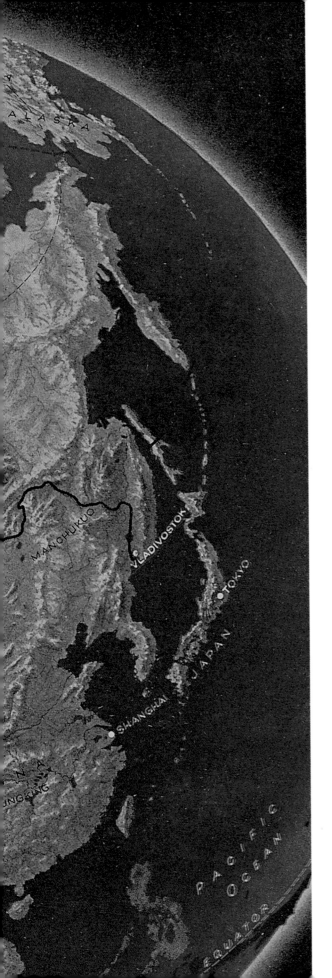

地球的六分之一：蘇維埃社會主義共和國聯盟在 1940 年代的版圖。它的土地面積與月球表面相同，占地球陸地面積的六分之一，西至波羅的海，東至太平洋，南至黑海，北至北冰洋，橫跨兩大洲十一個時區，上百個民族，一百五十多種語言。它不僅是一個國家，而且是歷史上規模最大、最後的一個帝國。在人類歷史上，從未有人像列寧這樣給地球上的生靈留下了如此深刻的恐怖和悲痛。

（332/333 跨頁圖）「蘇聯 —— 天下無敵的列寧主義旗幟萬歲！」：這是 1957 年後史達林化的宣傳海報。

（334/335 跨頁圖）「偉大而又戰無不勝的旗幟馬克思、恩格斯、列寧、史達林萬歲！」：蘇聯各民族人民穿著他們的傳統服飾，在宣揚「向共產主義前進」的旗幟下遊行，其他旗幟上分別寫著「列寧和史達林的黨萬歲」，「和平勞動」和「為人民幸福」。這幅宣傳畫是在 1953 年製作印發。

　　戰後史達林主義的現實是相當不同的。整個民族被指控與敵人「合作」，其中很多人從傳統的家園中被連根拔起。卡爾梅克、車臣、印古什、克里米亞韃靼人和波羅的海國家的居民被驅逐到了蘇聯的遙遠地區，反猶太主義運動正在全國各地肆虐，指責猶太人的「無根的世界主義」。1953 年 3 月 5 日，史達林死亡，這一痛苦即被終止。（藝術家 /A. Kossov）

ДА ЗДРАВСТВУЕТ ВЕЛИ
МАРКСА-ЭНГЕЛЬСА

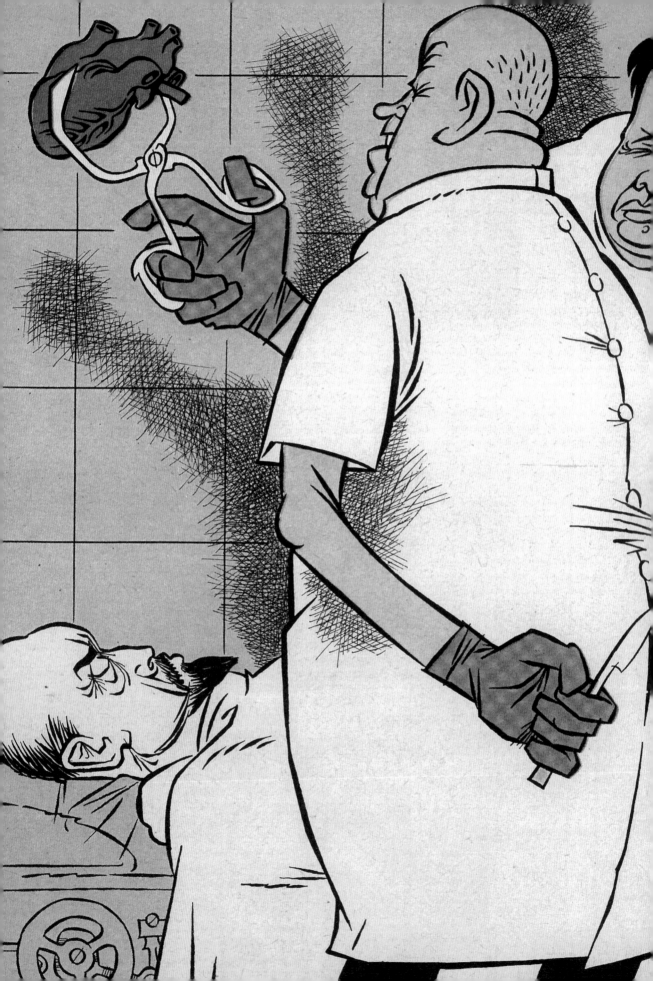

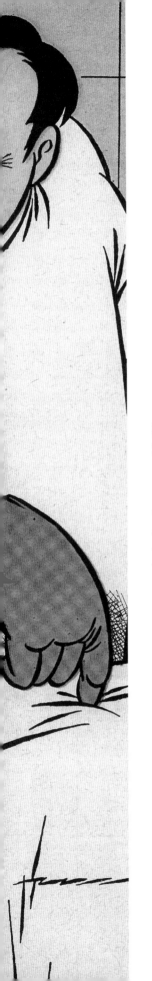

列寧主義的解剖：這幅漫畫描繪的是蘇共領導人赫魯雪夫和中共領導人毛澤東正在解剖列寧的遺體並摘除心臟進行審視和辯論：蘇聯和中國誰才是孝子賢孫 —— 真正的列寧主義者。

在 1960 年代，蘇聯和中國這兩個共產政權，在關於蘇聯反史達林的個人崇拜和秘密屠殺、中國毛澤東盲目搞人民公社和大躍進試圖提前進入共產主義，以及世界和平共存等一系列問題上的分歧而爭論不休。蘇聯和中國外交長達四十二年處於分裂狀態，兩國及其所屬陣營國家關係的巨變也深深影響了世界格局。（藝術家／Wigg Siegl）

（*338/339 跨頁圖*）**「列寧叔叔」在看著你**：1987 年 5 月 15 日，蘇聯哈巴羅夫斯克（伯力）一八八號幼稚園的學齡前兒童在「列寧叔叔」的注視下進行排練。從他們入學的時候起，蘇聯的孩子被教導尊重他們國家的創始人。正如一個孩子的歌曲所唱，「列寧的生活是所有人的榜樣」。

在整個蘇聯，列寧的話幾乎在所有可能的情況下被援引。然而，視情況而定，他的形象經歷了許多微妙的轉變。在這裡，一個仁慈的列寧給人們以適當的微笑，而在幾乎所有的蘇維埃公共廣場上，他古銅色的形象是嚴厲的，永遠保持著警惕。（照片／Dilip Mehta）

（*340/341 跨頁圖*）**開放的蘇聯動物園**：這幅插畫來自於 1980 年代的美國《邁阿密先驅報》，插畫中的人物是蘇聯時代的主要領袖：列寧、史達林、馬林科夫、赫魯雪夫、勃烈日涅夫、契爾年科和戈巴契夫。在他們各自的執政中，都把列寧主義當作指引蘇聯人民邁向共產主義社會的不滅燈塔。蘇聯哲學家德·沃爾科戈諾夫稱：「列寧成為一個普遍的武器，他的每個繼承人都以自己的方式使用。」

（*342/343 跨頁圖*）**最後的揮手**：1989 年 9 月，巴庫，在列寧無視的目光下，阿塞拜疆人抗議亞美尼亞人對其領土的要求，這是蘇聯一系列激烈的民族主義動亂浪潮的一部分。列寧所締造的邪惡帝國——蘇聯——已時日無多了。（照片／ Robert White）

新沙皇和萬能主席的誕生：這是德國插畫師Michael Pleesz繪製的普京肖像（*左頁圖*）。蘇聯解體後獨立的俄羅斯，就像十月政變的翻版，不過那些官僚比布爾什維克人更貪婪和狡詐了。列寧做夢也沒想到的是，在他奪取政權一百周年時，曾經給他做過飯的私人廚師斯皮立東 ● 普京之孫、後來的蘇聯秘密警察弗拉基米爾 ● 普京，在俄羅斯輪換擔任總統和總理已超過十五年，採取對內專制和對外擴張的野蠻政策，極力恢復蘇聯時代超級大國的地位，被世人稱為二十一世紀的沙皇。

2017年10月，在北京市潘家園舊貨交易市場拍到的這幅習近平（*上圖*）與毛澤東的瓷像並列的圖像則證明了另一個新沙皇的誕生。在列寧的孝子賢孫協助下奪取政權的中國共產黨，於七十年間已滅絕了超過八千萬本國人民。習近平殘酷鎮壓異己和大搞金元外交，欲當世界霸主，被美國《紐約時報》稱為「萬能主席」。

普京和習近平，繼承了列寧的政治衣缽。他們惟一的貢獻，是給赤色恐怖裹上了一層甜味素。

普京修改憲法為終身執政鋪路，習近平廢除國家主席任期制，兩個獨裁者要做萬年皇帝。

等待列寧復活：1990年，在布加勒斯特佔據突出位置的列寧雕像，羅馬尼亞人准備用金屬電纜套索去除——二十世紀摧毀共產主義政權的絞索。這是列寧所締造的軍事共產主義政權被掃進歷史垃圾堆的最鼓舞人心的瞬間。

在列寧奪取政權一百周年時，他的木乃伊已被蘇聯和俄羅斯耗費鉅資維護了九十三年。現在，俄羅斯政府當局力排眾議，仍繼續斥資維護木乃伊的鮮活，似乎是正在等待列寧復活。列寧在世時只實現了自己夢想的一部分，即整個俄國都已被他的共產主義實驗之火吞沒了。列寧還需要重生，向他恨之入骨的資本主義復仇，以他的赤色恐怖再次震撼這顆星球，實現共產美麗新世界。（照片/Alfred）

國家圖書館出版品預行編目資料

赤色恐怖：列寧的共產主義實驗／杜斌編著. --
初版.--臺中市：白象文化，2021.1
　　　面；　公分
ISBN　978-986-358-613-5（平裝）
1.列寧（Lenin, Vladimir Ilyich, 1870-1924）
2.學術思想 3.共產主義
549.35　　　　　　　　　　　106025344

赤色恐怖：列寧的共產主義實驗

作　　者　杜斌
校　　對　杜斌
專案主編　徐錦淳
出版編印　吳適意、林榮威、林孟侃、陳逸儒、黃麗穎
設計創意　張禮南、何佳諠
經銷推廣　李莉吟、莊博亞、劉育姍、王堉瑞
經紀企劃　張輝潭、洪怡欣、徐錦淳、黃姿虹
營運管理　林金郎、曾千熏
發 行 人　張輝潭
出版發行　白象文化事業有限公司
　　　　　412台中市大里區科技路1號8樓之2（台中軟體園區）
　　　　　出版專線：（04）2496-5995　　傳真：（04）2496-9901
　　　　　401台中市東區和平街228巷44號（經銷部）
　　　　　購書專線：（04）2220-8589　　傳真：（04）2220-8505
印　　刷　基盛印刷工場
初版一刷　2021年1月
定　　價　800元

白象文化　印書小舖　出版 · 經銷 · 宣傳 · 設計
www.ElephantWhite.com.tw　自費出版的領導者　購書 白象文化生活館